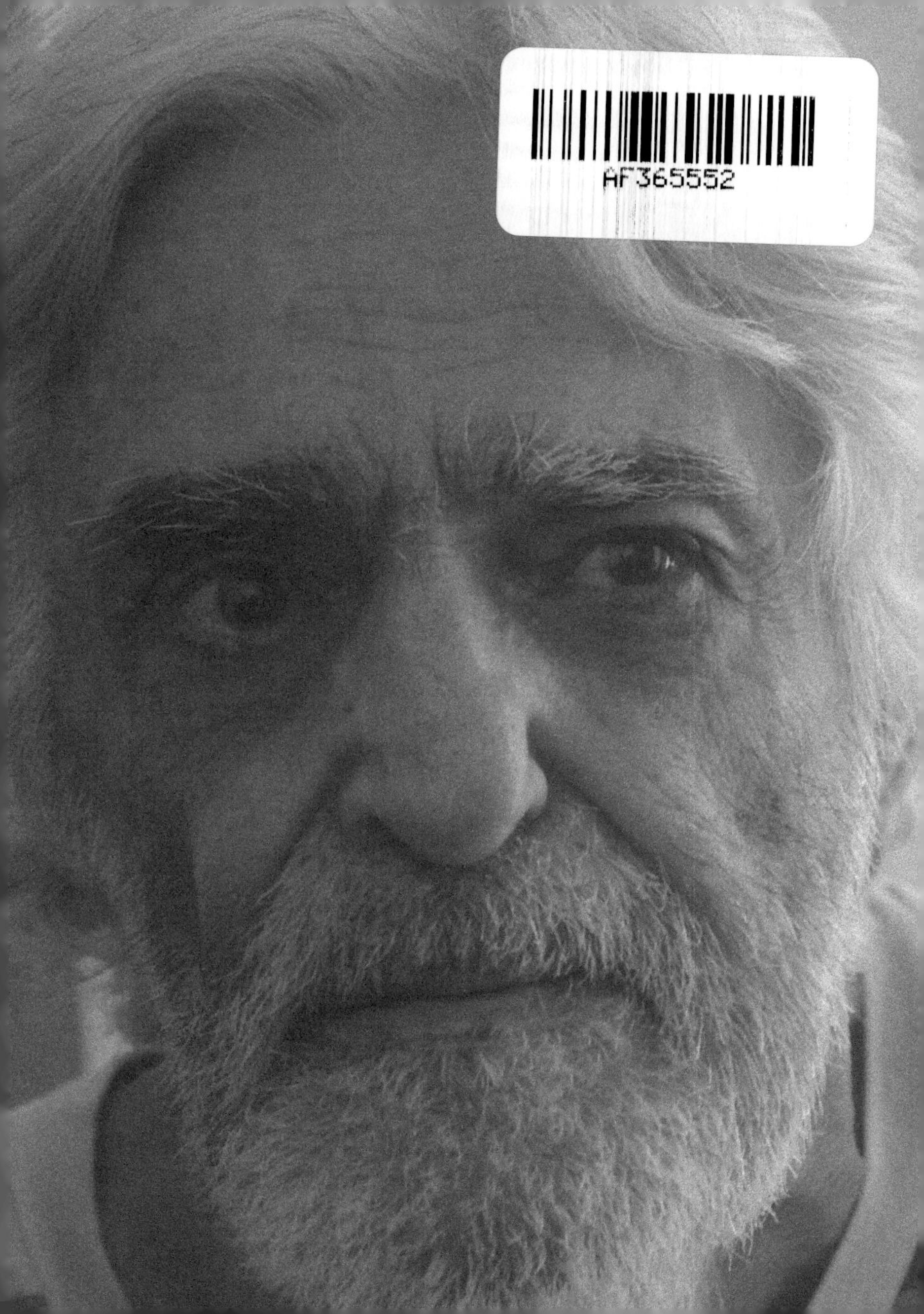
AF365552

# Coleção Encontros

Ailton Krenak
Aloísio Magalhães
Antonio Cicero
Antonio Risério
Arnaldo Antunes
Boris Schnaiderman
Capoeira
Carlos Drummond de Andrade
Cildo Meireles
Clarice Lispector
Darcy Ribeiro
Dias Gomes
Eduardo Coutinho
Eduardo Viveiros de Castro
Fernando Gabeira
Flávio de Carvalho
Florestan Fernandes
Geração Beat
Gilberto Freyre
Gilberto Gil
Gilberto Mendes
Hélio Oiticica
Ismail Xavier
Jomard Muniz de Britto
Jorge Luis Borges
Jorge Mautner
Julio Cortázar

Lucio Costa
Luiz Carlos Maciel
Luiz Rosemberg Filho
Maio de 68
Manoel de Barros
Mário Pedrosa
Mário Schenberg
Milton Santos
Nara Leão
Newton da Costa
Nise da Silveira
Paulo Freire
Paulo Emílio Sales Gomes
Paulo Mendes da Rocha
Roberto Corrêa dos Santos
Roberto Mangabeira Unger
Roberto Piva
Rogério Duarte
Rogério Sganzerla
Sérgio Buarque de Holanda
Silviano Santiago
Tom Jobim
Tom Zé
Tropicália
Vinicius de Moraes
Wanderley Guilherme dos Santos
Zé Celso Martinez Corrêa

PRÓXIMOS LANÇAMENTOS
Octavio Ianni
Waly Salomão

# Luiz Carlos Maciel

organização
Sergio Cohn

Encontros

Apresentação

POR SERGIO COHN

# Apresentação
POR SERGIO COHN

Sergio Cohn é poeta e editor da Azougue (Brasil) e Oca (Portugal).

Entre 2015 e 2016, mantive, em parceria com o Cesinha Oiticica, um pequeno espaço cultural em Ipanema, a Índica. Era uma sala no mesmo subsolo do prédio na Praça General Osório que nos anos 1970 abrigou a Livraria Muro, e onde começaram as míticas Artimanhas do grupo de poesia Nuvem Cigana. Misto de espaço expositivo, loja de arte indígena e ponto de encontro, o nosso espaço sediou alguns ciclos de conversas sobre cultura. O mais marcante deles, possivelmente, foi o de encontros sobre revistas de cultura. Convidamos editores e colaboradores de importantes revistas dos últimos 60 anos para dar depoimento sobre suas experiências. Nomes como Silviano Santiago, falando sobre a mineira *Revista de Cinema*, Paulo Roberto Pires, sobre a *Serrote*, Paulinho Werneck, sobre a *Ácaro*, Luís Turiba, sobre a *Bric-a-brac*, e Claudio Lobato, sobre o *Almanaque Biotônico*

*Vitalidade*. Para abrir o ciclo, em fevereiro de 2016, convidei o Luiz Carlos Maciel, que fez um depoimento sobre a *Flor do Mal*, o tabloide contracultural que editou nos anos 1970 em parceria com Rogério Duarte. Foi um sucesso: dezenas de pessoas abarrotaram a sala para ver Maciel contar as suas histórias de época. 40 anos depois, ele ainda era visto, com razão, como um dos grandes mestres e pensadores da contracultura, e atraía um público apaixonado para ouvi-lo.

Naquele momento, em 2016, eu estava convivendo intensamente com Maciel. Reuníamo-nos semanalmente, para fazer a longa entrevista que encerra este volume em sua homenagem na coleção Encontros. Eu ia para o seu apartamento no Leblon, gravávamos a entrevista no seu pequeno escritório, com os seus gatos ouvindo atentamente ou passando por entre nossas pernas, e depois seguíamos ao Desacato, o bar do outro lado da rua, para tomar cerveja e seguir a conversa. Algumas vezes, ia encontrar Maciel apenas para uma cerveja. Ele me esperava no saguão do prédio e andávamos juntos os 50 metros até o bar. Com um enfisema pulmonar avançado, essa caminhada já era uma peregrinação para ele: precisava parar uma ou duas vezes no caminho, para tomar fôlego, e depois, sentado no bar, esperava alguns minutos para se recuperar. Depois disso, a conversa corria solta. Contava história, discutia política, falava dos amigos. O seu humor não perdoava ninguém. Quer dizer, nenhum amigo. Porque, em todas as conversas, nunca soube se tinha algum inimigo pessoal. Não parecia, ao menos, perder tempo com eles. Um dia conversamos sobre isso e rimos solto lembrando a máxima sempre repetida por Jorge Mautner: "Não falo sobre os meus inimigos para não eternizar os seus nomes". Risada, aliás, nunca faltava. E esta não parecia tirar o seu fôlego.

Durante as nossas conversas, não paravam de surgir projetos. Maciel sabia que estava correndo contra o tempo, mas não iria nunca desistir da vida. Um dos que mais o empolgou foi o de fazer um livro chamado "Rosa dos Ventos", discutindo os seus quatro pontos cardeais, os autores que nortearam a sua vida: Martin Heidegger, Norman O. Brown, Carlos Castañeda e Philip K. Dick. Chegou a anunciar o projeto publicamente. Seria um belíssimo livro. E, entre cervejas, havia também confissões. Como quando contou, rindo, que o decálogo político que ele apresentou no programa *Abertura*, do Glauber Rocha, era uma cópia deslavada do manifesto de John Sinclair para o White Panther Party. Glauber havia pedido que ele fizesse o programa de um partido novo para o dia seguinte e Maciel, assoberbado, decidiu traduzir o manifesto de Sinclair. Ficava um pouco envergonhado de ver o sucesso que o vídeo fazia no Youtube. Mas nada que atrapalhasse o seu humor. E a inteligência de suas colocações. A sua fala final na conversa com Glauber é de um brilhantismo ímpar.

Não é à-toa que Maciel foi considerado um guru da contracultura brasileira: em colunas como a "Underground", do *Pasquim*, ou em projetos de revistas como *Flor do Mal*, *Rolling Stones* e outros, Maciel permitiu, pela sua inquietação, uma atualização da juventude brasileira para os pensamentos daquele tempo. E ele sabia como fazê-lo: era acima de tudo um *scholar*, um erudito, um pesquisador, mesmo que disfarçado pela roupagem informal do seu discurso. Retomar o seu pensamento agora mostra não apenas a sua importância para momentos seminais da nossa cultura, como uma vitalidade insuspeita. Em época de voltas autoritárias, Maciel nos traz um sopro de ar fresco: como ele gosta de ressaltar, tudo é cíclico, e a direita não tem a resposta.

Foi um privilégio poder brindar a vida com Maciel. Quando soube da sua morte, numa tarde de sábado, em 9 de dezembro de 2017, fiquei arrasado. Percebi que perdia não apenas um autor de predileção, mas também um amigo, uma pessoa com quem compartilhei ideias, alegrias e anseios. Estava finalizando o presente livro, com suas entrevistas. Selecionamos elas juntos, conversando sobre a importância de cada uma, tentando puxar da memória as que mais lhe importavam. E também nos surpre-endendo com descobertas divertidas, perdidas na intensidade dos seus tempos.

Uma pena que ele não possa ter visto o livro editado, mas seguimos. A vida é assim, e seus pensamentos e relatos permanecem potentes e necessários. Maciel tinha um espírito definido, e soube como poucos, para citar seu amigo Caetano, espalhar benefícios. Estes ficam.

Conselhos a mim mesmo

DEPOIMENTO

# Conselhos a mim mesmo

POR LUIZ CARLOS MACIEL

Originalmente publicada
no *Pasquim*,
em 1970.

1. Escuta o canto do ser. Ele tem mais de mil vozes. Olha a dança do ser. Ela tem mais de mil passos.
2. Aprenda a viver, vivendo. Foi assim que aprendeste a respirar, a andar e a comer. Não precisas de planos, programas ou teorias. Aprenda a amar, amando.
3. Lembra que o passado não existe porque não volta mais. E que o futuro também não existe porque não chega nunca. Jamais estarás no dia de amanhã, mas sempre no de hoje – no grande, eterno, infinito hoje. Descobre que o hoje, o agora, é absolutamente efêmero e, portanto, eterno.
4. Contempla o mundo como um vasto espetáculo. Não fazes parte dele simplesmente: és o próprio espetáculo e tudo o que há nele. Repara que tudo está mudando e se transformando sem cessar. Não resistas à mudança. Não tentes parar no meio da corrida. Muda sempre com todas as coisas, consciente do

nexo dinâmico que há entre todas elas. Os gestos são vários e infinitos porque o gesticulador é um só – e infinito.

5. Descobre que todas as coisas se influenciam mutuamente, para a grande, absurda e maravilhosa obra da Infinita Transformação. Ama essa ilusão: é tudo o que temos para amar.

6. Não forces a mudança, não a planejes. Não podes nadar contra a corrente, só a favor dela. Mas podes nadar para a direita ou para a esquerda, para cima ou para baixo, mais rápido ou mais devagar. Escolhe segundo os mandamentos do teu corpo. Harmoniza tuas mudanças com as mudanças de todas as coisas.

7. Ouve o mar. Olha o mar. Se ele parece se repetir aos teus sentidos desatentos, presta mais atenção. A forma de suas ondas é sempre diferente. Sua dança inventa sempre uma nova coreografia. Seu rumor cria sempre novas frases, todas diferentes: às vezes mais longas, às vezes mais curtas; às vezes mais altas, às vezes mais baixas. Descobre que, exatamente por serem diferentes, são todas elas gestos do mesmo mar.

8. Não te entregues à preguiça, à inação, à passividade, pois assim estarás contrariando tua verdadeira natureza. Age por agir, faz por fazer, cria por criar – como o resto de todas as coisas. Permanece aberto para aprender. Aprende sempre tudo de novo para descobrires, sempre de novo, que não aprendeste nada porque já sabes tudo que há para saber, ou seja, que sempre tens tudo a aprender porque não sabes nada. Aprende por aprender, sem nada esperar do teu aprendizado. Já reparaste que toda resposta também é uma pergunta, não é? Repara, agora, que toda pergunta também é uma resposta.

9. Ouve as respostas e as perguntas do mundo. Replica umas com as outras.

10. Abandona o mal. Mas não tentes ser bom. Não te escravizes a nenhum ídolo, mesmo que te pareça bom, humano, justo, sublime ou divino. Não aspires pelo sucesso mundano. Não

busques nenhum nirvana. Entrega-te, confiante, à corrente da vida. Harmoniza os teus gestos e o gesto que tu és com os demais gestos do universo – e todas as coisa que precisares virão até ti, sem que penses nelas ou as peças.

11. Não fujas de teu sofrimento. Não tentes curar tuas dores. Compreende-os como parte do Grande Espetáculo, sem outro objetivo, além da própria compreensão. A certo ponto dessa compreensão desinteressada, o sofrimento é que fugirá de ti e tuas dores se curarão sozinhas. Quando voltarem, acolhe-os amistosamente, abriga-os e os compreende de novo. O jogo do sofrimento é dos mais difíceis – mas aprenderás a jogá-lo e, com a prática, poderás te tornar um mestre.

12. Não adies tuas decisões. Não antecipes tua decisões. Decide sempre aqui e agora, na hora madura da decisão. Age sempre aqui e agora – esse é o único momento que tens para agir. A voz do passado é a voz de um morto. A voz do futuro é de alguém que ainda não nasceu. Não as temas. A única voz que conta é a do presente – a tua própria voz. Fecha os teus ouvidos aos cantos das sereias, estejam elas atrás de ti ou na tua frente, embaixo ou por cima de ti.

13. Dá tudo o que tens sem esperar recompensa. E não chames a isso generosidade ou caridade ou o que seja. Nada te pertence para que possas ser generoso ou caridoso. Tudo pertence a todos e ninguém tem direito exclusivo a nada. É por isso que brincamos o jogo da troca, da transa. Dá por dar. E quando te derem, recebe – por receber. Não faças de tua vida um livro de contabilidade: nela, não há lucros nem perdas. A única coisa que tens a ganhar ou perder é a ti mesmo – e, contigo, todas as coisas.

14. Muda o mundo. Mas lembra que ele não se deixa mudar através de planos. O mundo não entende planos: só entende surpresas. Do mesmo modo que ele te surpreende, surpreenda também o mundo a cada instante. Podes mudá-lo, não

Muda o mundo. Mas lembra que ele não se deixa mudar através de planos. O mundo não entende planos: só entende surpresas. Do mesmo modo que ele te surpreende, surpreenda também o mundo a cada instante.

a longo termo, mas aqui e agora, no que tiveres debaixo do teu nariz e ao alcance da tua mão. Se não sabes ver a beleza mágica dessas mudanças, então estás cego. Se tua casa está suja, limpa-a. Se percebes que o que estás fazendo está errado, conserta-o. Se tua vida pessoal é feia, embeleze-a. O que mais pode haver para fazer?

15. Aquele que vê ação na paz e descobre a paz na ação, está com tudo em cima – podes crer.

16. Aprende todos os truques do teu pior inimigo – e brinca com eles. Esse inimigo está dentro de ti, usa o nome que te deram e fica cochichando coisas e fazendo todas as espécies de sugestões no fundo da tua cabeça, lembrando o passado e tentando, numa loucura vã, prever o futuro. Deixa-o falar. Mas não acredite nele. Nunca. Quando te disser que algo "está certo" e não acreditares, ele mudará de tática e te dirá que "está errado". Não acredita de novo e vê quantas cambalhotas ele dá para te enganar de alguma forma, de qualquer maneira. Esse tagarela só cala quando tu o mandas falar e esperas tranquilamente pelo disparate. Se tentas calá-lo, ele grita, mentindo que está em silêncio. Parece mais esperto do que tu mas, se aprenderes seus truques, estás livre. E podes rir à vontade de seu jogo inútil e mentiroso.

17. Lembra que não te chamas Luiz Carlos Maciel. Não tens nome porque teu verdadeiro ser aceita todos os nomes e recusa todos eles. Lembra que ninguém tem outro nome além do que lhe deram à sua revelia ou que ele próprio se deu, segundo seu arbítrio. Descobre a infinita dança dos símbolos. Ela é vazia – mas bela.

18. O que chamamos realidade é apenas uma metáfora. Trabalha-a como os poetas trabalham suas palavras, os pintores suas cores e os músicos seus sons.

19. E não tenhas medo de nada. Quando tiveres a mais alta sabedoria, descobrirás que sabes apenas o que sempre soubeste.

Quando chegares ao fim do caminho, verás que sempre estiveste lá. Quando te libertares, saberás que sempre foste livre.

20. Eis o toque: curta todas. Curta o que pintar. Somos uma máquina desregulada, sim, mas que funciona exatamente por estar desregulada. Ou melhor: não somos uma máquina mas uma ilusão do vazio para sua própria curtição. O mundo é uma ficção não-científica.

# Underground

POR SERGIO DE SOUZA

# Underground

POR SERGIO DE SOUZA

Originalmente publicada no
*Bondinho*, em março de 1972.

**A gente tá falando muito em underground... O que que isso quer dizer?**

Bom, underground é uma palavra que tá se usando já há alguns anos para designar uma coisa que é um fenômeno social, que começou a acontecer nos países industrializados do mundo ocidental. Bom, então é um fenômeno histórico-social que foi batizado com esse nome. Uma característica desse movimento histórico-social, que pode ser ligado a outras, na história etc e tal, é a característica de ser uma consciência crítica radical da sociedade. Então, se poderia generalizar, dizendo que toda pessoa que tinha uma consciência crítica radical da sociedade e que, naturalmente, por tê-la, era marginalizado ou, se não era, marginalizavam, porque não podia engolir aquele sapo, entende? Então, seria uma pessoa underground e tal.

**O termo "jornal underground" ou "jornalismo underground" é adequado a isso que você falou?**

Olha, eu não me incomodo muito com o problema de palavras, quer dizer, tem palavras que são mais corretas e você deve tentar usá-las sempre que possível etc. Mas esse negócio de jornal underground é tudo uma coisa tão nova, que ninguém sabe direito o que é, então botam uma palavra inglesa, um rótulo... Hélio Oiticica quer que a gente diga "subterrânea". Eu acho legal, também, dizer "subterrânea". Mas ninguém tá sabendo direito nada do que tá acontecendo, então não adianta ficar querendo discutir a precisão das palavras pra coisas que são absolutamente imprecisas. Você vê, todo esse fenômeno de contracultura underground... Os caras que foram escrever sobre essa maluquice toda, nos Estados Unidos, esse *The making of a country*, do Theodore Dreiser: ou aquele outro que publicaram agora em português, *The green of America*, do Charles Reich... São professores e tal... Aí caretearam demais, sabe como é? Um monte de babaquice, porque não tem nada ainda explicado... É um negócio rebelde a esse tipo de conceituação. Quando o cara tenta forçar ali dentro, quebra a cara. Porque é querer colocar um fenômeno inteiramente espontâneo dentro de categorias que podem servir pra fenômenos que são espontâneos, mas distorcidos, já, por orientações teóricas, o cacete, filosofias, etc... entende? E esse movimento é milagroso porque ele foi espontâneo e continuou rebelde, porra louca... E as tentativas de codificar isso, de formular isso, são tentativas de mudar esse negócio. À partir do momento que esse negócio se codifica, se institucionaliza, morre. Olha, pra mim seria muito mais fácil negar essa palavra e dizer assim: "Isso é uma porcaria duma palavra, isso é um absurdo, que underground? Underground é babaquice, é papagaiada, etc." Mas eu não posso fazer isso por causa da porra da minha coluna que se chamava "underground". Então, pegava mal, né? Então, eu tenho que dar um jeito de defender, de livrar a cara.

**Você alguma vez conseguiu fazer imprensa underground aqui no Brasil?**

Nem eu, nem ninguém.

**O que você chama de underground?**

Chamo num sentido... Eu não chamo no sentido factual, vamos dizer assim. O sistema de produção do jornal não foi underground; o sistema mesmo de funcionamento, com censura prévia, etc., não pode ser considerado underground, é evidente. Agora, eu chamo de underground num sentido de ser marginal de todos os critérios jornalísticos. Eu tô falando da *Flor do Mal*.

**E o que você fazia no *Pasquim* também era underground?**

Ah, sim, eu acho que sim. Eu acho o *Pasquim* até um pouco underground, também, nesse sentido.

**O jornalismo underground funciona?**

Ah, funciona. Podem fazer mil coisas diferentes. A *Flor do Mal* foi uma apenas; *Presença* era outra...

**Mas os dois fecharam...**

Mas quer dizer que podem fazer mil. Uma cola e outra não, entende? Eu acho que isso não tem muita importância. Esse negócio de underground, comigo, no final das contas, é apenas um título de uma coluna, porra, que eu tenho. Na verdade, não passa disso. Porque foi um processo mais ou menos natural, entende? Quer dizer, havia uma área de informação, que me interessava na época, que não era divulgada aqui, não saía nada em jornal nenhum. Aí, então, eu comecei a explorar isso. Aí, depois de um certo tempo que eu comecei a divulgar coisas, eu comecei a me sentir mais à vontade dentro da coluna e comecei a fazer mais ou menos o que me dava na veneta. E a minha coluna, hoje, é feita assim, quer dizer, eu faço o que me dá na veneta, na hora. Quer dizer, eu sento, boto o papel na máquina, vou escrevendo o que me dá na cabeça. Por isso é que de vez em quando saem umas frases meio soltas, porque aquilo é coisa que eu comecei e não continuei, então eu faço um movimento na máquina, passo pra linha seguinte e começo outra coisa. Eu tava fazendo a coluna "underground" alguns tempos assim, porque eu já tava à vontade dentro dela, sabe? Eu tava podendo fazer o que eu bem entendia e tal. Ninguém lá no *Pasquim* me enchia o saco, tal, "você tá fazendo isso", "tá fazendo aquilo", ninguém chegava lá pra me dizer tá bom, tá mau, tá uma porcaria, tá péssimo; então, eu não tinha a menor ideia. Não tenho a menor ideia do que eu faço, entende? Assim... pros olhos objetivos dos outros, sabe? Aquele negócio eu fazia, lançava lá e já não me lembrava mais. E fazia geralmente no dia que tinha de entregar e ficava transando outras coisas, como *Flor do Mal*, agora o *Rolling Stone*. Então, quando eu comecei a me sentir à vontade dentro da coluna, eu não sabia mais o que era bem underground, o que não era. O que que tava na moda ser underground; se underground é pensado assim já como uma coisa institucionalizada, então tem a sua moda, "o underground agora é falar disso", entende? Eu não sabia... Eu já encontrei muito garoto assim que me esnoba e tal, pela minha desinformação, sabe como é? Por eu estar, às vezes, não sacando os lances que são os quentes... Eu pego umas coisinhas assim no ar e copio depois, sabe? Uma vez veio um garoto do jornal estudantil, pra me entrevistar, e falou: "Sabe que que o pessoal diz? Que você é compilador e tal". Eu disse: "Sou e daí?" Porra, num tem mal nenhum nisso. De uma certa maneira, o fato de existirem pessoas que começaram a se interessar por esse tal de "underground", me surpreendeu muito. Nos primeiros meses eu fiquei espantadíssimo com o número de cartas que começaram a chegar. Inclusive comecei a publicar algumas... Foi uma coisa completamente surpreendente. E essas cartas me ensinaram alguma coisa, sabe? Porque as pessoas estavam cansadas da sujeirada e falavam muito da vida delas. Porque você vive minuto a minuto, momento a momento, você vive é cada instante, é isso que você vive. Não é nenhuma construção, que você nunca enxerga na sua frente, que você nunca toca. Construção que existe na cabeça das pessoas só, que erigiram aquela coisa, o fantasma. O "underground" não teve nada disso de fantasma, porque foi uma experiência imediata das coisas, porque você vive na experiência imediata. Lá tô eu filosofando... Então essas cartas começaram a pintar até que começaram aparecer as pessoas e desde 1970 já tinha gente que sugeria, falava comigo pra fazer um jornal underground e eu dizia que não dava pé. Mas a gente acabou fazendo, mesmo eu achando que não vendia nem mil exemplares. Mas veja a *Flor do Mal*. A *Flor do Mal* eu não sei direito quanto vendeu, mas parece que encalhou mais de 50 por cento. Mas a tiragem era de 40 mil e eu queria tirar só 20 mil. A *Flor do Mal* é que foi uma economia errada que foi feita, uma transa errada... O *Verbo Encantado*, da Bahia, continua existindo e tira 10 mil. Bom, deixa isso pra lá...

**A *Flor do Mal* era ligada ao *Pasquim*?**

Era. Era da empresa *O Pasquim*. Bom, quando chegou no ano passado, eu fui fazer o *Já*, com o Tarso. O Tarso tava deixando *O Pasquim* porque houve lá um desentendimento entre eles e eu, sem deixar o *Pasquim*, fui pra lá. Eu não tinha nada com o desentendimento deles e não me meti. Por que que eu ia me meter? Então, banquei o safado: fiquei bem com os dois lados. Então, fui fazer o *Já* e fiquei lá cinco meses. Eu saí um pouco antes de fechar, porque num tava dando mais pé mesmo. Eu disse "bom, isso aqui já tá acabando e tal", me piquei. Aí encontrei o Rogério Duarte e conversamos até sobre o *Já* e o Rogério falou: "É, esse negócio de tá sempre procurando fórmulas, que que o público pensa e num sei quê... Eu acho que a gente tem que fazer um jornal underground, mas pra valer, um negócio mesmo sem coisa nenhuma, só o recado de cada um mesmo um negócio até escrito a mão..." Ele queria fazer um jornal todo escrito a mão, num saque de calígrafo da Idade Média, escrevendo a mão, ao som de música. Aí, eu disse "Bom, vamos fazer, porque isso a gente curte até o fim e, se der certo, legal, porque a gente fica fazendo uma coisa que a gente curte demais e fica dando, né? Legal ganhar dinheiro com o brinquedo da gente, né?" Aí, nós fizemos o *Flor do Mal*. Saíram cinco números, que já foi muito divertido que tenha saído e embora a equipe, o pessoal ter ficado meio chateado, o fato é que eu, por exemplo, sabia que o jornal podia fechar a qualquer momento, dizia pra todo mundo. Vieram me entrevistar pra falar do *Flor do Mal*, me perguntaram quais eram meus planos. Eu disse que não tinha plano nenhum, que não sabia, porque aquilo podia fechar a qualquer momento, como de fato fechou. E fechou porque foi mal orientado. Esse negócio de tirar 40 mil exemplares é porque o pessoal do *Pasquim* achou que era mais confortável fechar, a discutir uma maneira de continuar. Eles achavam que não valia a pena, por alguma razão, sei lá por quê. Eu também nem perguntei, nem quis saber de nada. Um dia eu cheguei lá e disseram que tinham resolvido cancelar o *Flor do Mal* porque não ia dar pé. Eu disse que tava legal, que não tinha problema nenhum.

**O *Rolling Stone* é um jornal americano, né? Como é que ele está sendo feito aqui?**

Inicialmente, vai ser uma mistura e vamos ver se essa mistura nos conduz a alguma coisa. Vamos aproveitar todo o material americano pra informar sobre o que tá acontecendo nessa transação de rock e vamos desenvolver um material brasileiro também, tendo da orientação americana apenas uma coisa: que o centro da preocupação é música e as outras coisas são subordinadas, são secundárias. Só isso, em princípio. E procurar a criação nova na música brasileira. E de uma maneira aberta, ampla; tá aberto inclusive pra música... Mas vai ser fundamentalmente música, também entrando comentário de livro, filme, mais ou menos como a americana em termos de organização de matérias, da estrutura das coisas. Claro que o que a gente pode contribuir aí, primeiro através das matérias brasileiras, quer dizer, procurar criar um negócio... e depois, numa coisa mais ampla, ver como é que isso mistura com a informação estrangeira e ver o que dá daí. Mas logo no começo não pode ser uma fusão muito articulada, porque a gente começa tateando, começa cego... Então, eu sinto que pode ser meio assim justaposta, sabe como é?

**Você não acha que é ruim trazer todo o material da *Rolling Stone* americano e simplesmente traduzir as matérias, quer dizer, trazer a coisa feita lá fora?**

Não, eu não acho ruim isso, não. Eu acho ruim você ver a cultura estrangeira, ou o que é feito lá fora, com a distância do complexo. Agora, essa distância do complexo, ela também é alimentada pela sua pouca informação, seu pouco conhecimento, sabe como é? Então, você importa uma cultura, de maneira meio vaga, e então se deixa influenciar por ela ao mesmo tempo que ela permanece inatingível pra você, porque você não penetrou ali. Então, ela fica sempre meio mística, meio longínqua, num certo Olimpo. Se você entra na fofoca desse negócio, desmistifica. Então, é possível você dar o famoso passo antropofágico, o passo fundamental aí, de relação de uma cultura com outra cultura estranha, que é de absorver, digerir e vomitar numa forma nova, criada e própria. Agora, enquanto esses produtos culturais ficam cercados por uma certa aura de respeito complexado ou qualquer coisa assim – e é esse o mal principal de uma cultura colocial assim como a nossa, entende? – então, é uma cagada, entende? Agora, se você entra nessa fofoca e esse negócio se desmistifica, então você pode assimilar, você pode desrespeitar. E eu acho que a má influência que pode ter a música rock é a má influência da música rock não compreendida, não assimilada, não digerida, sabe? Você não pode evitar que haja essa influência porque as rádios tão tocando o tempo todo e as fábricas de discos americanos não vão deixar de faturar. Essa realidade econômica e a cultural é a mesma, entende? É a sua e não adianta querer chiar, entende? Senão, você vai ficar aí reclamando, esperneando... Desde que eu me entendo por gente tem nego aí esperneando contra a música estrangeira. Pô, então não cansaram ainda? Não resolveram partir pra outra? Não foram sacar mais adiante? Fica reclamando a vida inteira? Não dá certo e fica reclamando? Que falta de imaginação, cacete! Então, eu acho que você fazendo um serviço de informação verdadeiro, uma transa mesmo efetiva com esse negócio que tem lá fora, então você pode também desrespeitar esse negócio, sem complexos; você pode assimilar, digerir, recriar. Você pode partir pra antropofagia tranquilo. Porque você entra numa relação crítica, numa relação ativa com a coisa. O que é mal é a gente receber influências passivamente – e essas a gente recebe mesmo que não queira e tá todo mundo recebendo o tempo todo, não é? Então, eu não acho que seja tão mau assim publicar essa matérias .

**Esse jornal, no começo, lá nos Estados Unidos, era underground, não?**

No começo era, mas agora já cresceu muito porque teve muito sucesso, então já tá muito capitalista demais, tá bem overground. Tá igual o *Time and Life*. Mas isso também não tem importância, porque o underground que existe lá fora é diferente, lógico, do underground que existe aqui. O underground brasileiro são os Novos Baianos, né? que ficam tocando samba o tempo todo. Isso já é uma tremenda diferença porque os caras lá curtem folk song. Fora da linguagem mais ou menos internacional da guitarra elétrica, americano curte aquelas folk song deles, aqueles negócios; aqui, o pessoal curte samba. E, naturalmente, as circunstâncias históricas, sociais, políticas, econômicas, dos diferentes países, determinam coisas bem diferentes. Agora, eu não sei se eu poderia falar sobre isso porque a minha informação sobre o pessoal de lá é muito de segunda mão, sabe? Eu não tenho muita vivência das coisas de lá. Então, eu vou falar por quê? Pelos livros que eu li? Pelas informações que eu tenho? Pelas imagens que eu formo? Pelos discos que eu ouço? Pelos filmes que eu vejo? Quer dizer, o que me parece importante e, que é preciso lembrar agora, é que você não pode forçar a barra de querer que alguma coisa que funciona lá de um jeito, vá funcionar aqui do mesmo jeito. Em nenhum nível. E num certo sentido aqui é tudo underground. É mal comum aos países do Terceiro Mundo. Com poucas ou raras exceções, o resto é underground. Vou dizer isso pra livrar minha cara, hem. Não. Existem coisas poderosas, bem overground, bem stablishment, aqui. Mas a atividade cultural, por exemplo, é toda underground. Porque o que tem aqui em teatro, cinema, literatura, essas coisas todas? Quer dizer, quem tá metido nessa, também é meio underground. Nesse sentido concordo com meu amigo Arnaldo Jabor que escreveu um artigo no Pasquim, acho que da segunda semana de janeiro, que chama "Debaixo da Terra". Então, a conclusão dele é que toda a cultura brasileira é underground e isso achando que... Não eu não vou dizer isso. Era uma estrapolação minha. Agora, a coisa mais importante desse negócio do underground eu não falei ainda. É que eu acho que o fator decisivo em todas essas coisas – já que aqui não se pode teorizar – é mesmo uma questão de estado de consciência, de experiência da realidade. Não adianta querer explicar por que que as pessoas mudam, por que que as pessoas entram em outra, etc. Porque outro estado de consciência, outra visão sensorial, afetiva, etc., é experimentada, ou então não dá, não tem explicação. Se a pessoa começa a sentir as coisas de um modo mais simples, como é que ela pode explicar isso pra aquela pessoa que sente tudo complicado? Num pode, sabe? Cada um tá numa mesmo, diferente, então é um estado de consciência, uma maneira de ver as coisas, de registrar as coisas, de apresentar as coisas. Então, eu acho que esse fenômeno é algo decisivo. Agora, você me pergunta por que isso aconteceu? Aí, realmente, eu não sei. Eu acho que acontece exatamente porque acontece, porque a realidade se transforma sempre e se transforma de maneira imprevisível e sempre rebelde às leis que nós pretendemos nos desentranhar dela e depois impor sobre ela. Eu não sei quem é que pode explicar o surgimento desse fenômeno na década de 60. Não tem nenhum quadro explicativo. Acho que foi um movimento espontâneo, naturalmente espontâneo.

**Essa mudança se verificou em você também, certo? Como é que isso evoluiu, como é que esse processo se verificou em você?**

Bom, o que acontece é que, antes, eu queria ser alguma coisa e agora eu não quero mais. Pra mim basta tá vivo, inteiramente vivo e integralmente vivo, fazendo as coisas que tão dentro de mim pra fazer; escolhendo as coisas que me parecem melhores, mais adequadas, a cada momento, a cada instante. Então, ir fazendo, agindo. Mas eu não tenho objetivo com isso, eu não tenho nenhuma finalidade. Eu não posso dizer assim: "eu estou fazendo isso pra conseguir isso, plano para o futuro". Eu não tenho plano nenhum. Não me preocupo absolutamente com ele. Eu já escrevi, como aliás todo mundo sabe, que o futuro não existe, você nunca chega lá. Você tá sempre no presente. Você tá sempre falando sobre o futuro, mas está sempre no presente. E o que você tem que fazer é só estar plenamente vivo. Então, eu não coloco, não procuro colocar minhas ações em função de nenhuma coisa planejada, de nenhum objetivo e não acredito mais nele. Eu não acredito mais em programação, programar a vida, programar num sei o quê...

**Em que você se baseia pra agir desse jeito?**

Na minha intuição. As coisas aparecem como eu respondo a elas. Na verdade, as razões que eu poderia discutir pra escolher isso e não aquilo partiriam de duas coisas: ou uma racionalização pra rejeitar um impulso, ou uma racionalização pra justificar o impulso. Eu prefiro explicar o impulso.

**Mas o que aconteceu pra você partir pra um negócio desses?**

Olha, esse negócio eu não sei se... Se eu vou contar o fato, o que aconteceu, talvez fique meio chato... Mas foi na época em que eu tive preso... eu fiquei... isso eu vou contar pra você... Eu fiquei dois meses lá, sem fazer porra nenhuma, de manhã até a noite. Eu só... eu ficava lendo... desenhando... Fazendo o quê? Sabe? Então, esse negócio que dizem que às vezes é bom, passar uma temporada em cana, pra botar as coisas em ordem, realmente isso acontece, porque eu fiz isso... Era uma maneira assim de... sei lá, aconteceu, aconteceu, veio, sabe? No primeiro dia não acontece grande coisa, no segundo, mas depois... Você vai fazer o quê? Tá lá, porra. E aí que eu li, fiquei lendo negócio de filosofia oriental, essas coisas. E aí comecei a sacar que havia uma grande errada por aí, que as coisas não eram bem assim. Mas claro que aí não foi uma mudança da noite pro dia. Foi acontecendo... Faz um ano. É quando pinta outra diferente até na minha coluna "underground". O "underground", antes, era muito mais neutro, muito mais compilador, distanciado. Sabe, eu não quero fazer nada. Eu não quero que aconteça nada, nem provocar nada. A eficiência das coisas que eu faço é criada pelo próprio fazer, entende? Por exemplo: eu não queria fazer Rolling Stone. Mas aí apareceu o cara, me convidou e tal. Então, tá legal, vou fazer. E faço. Que diferença faz, na ordem das coisas, que eu tenha querido fazer essa coisa ou simplesmente a tenha feito? O que conta é ação. O que conta é o que você faz, efetivamente. O desejo por fazer determinada coisa, o fixar um objetivo, geralmente faz você criar atrito, criar obstáculo, entende?

**Você diz que não faz, que não quer fazer, mas ao mesmo tempo você diz que o que conta é a ação. Então, o não-agir é ação?**

É a ação mais difícil de todas. É aquela ação que só ajuda e não atrapalha.

**É o que você procura, não é?**

É, de uma certa maneira é. É o que todos nós fazemos sem saber e atrapalhamos por saber, entende? Então, eu realmente não procuro. Eu faço.

**Você tá "fazendo" um livro...**

É um livro que vai ser editado pela José Álvaro, na coleção "Na Corda bamba". Quer dizer, não estou escrevendo, mas tô juntando coisas que já escrevi: artigos, poemas, fragmentos de alguns pensamentos que faço. Estou montando tudo isso e o Rogério Duarte está cuidando da transa visual: foto, desenhos e ilustrações. O texto e a parte visual têm a mesma importância. É uma co-autoria. É mais uma transa, mais uma experiência. Aliás, o livro chama, provisoriamente, "Experiência de viagem".

# A nova consciência

[SEM CRÉDITO]

# A nova consciência

[SEM CRÉDITO]

Entrevista realizada em 1973, publicada originalmente no livro "A morte organizada", Ground-Global, 1978.

**Sua "Nova Consciência", de 1970-72, já está em livro. E a novíssima consciência de agora?**

Qualquer nova consciência, de 1970, 72, 73 ou qualquer outro ano, é sempre muito velha. Na verdade, a coisa mais velha do mundo. Pois é sempre a mesma, fora do tempo, e só é nova na experiência individual de cada um. Aí, ela é nova sempre, porque além de vir aos pedaços, por partes, por estágios, ela se renova sempre, e aquelas partes que alcançamos e pretendemos reter ficam imediatamente velhas e deixam de ser nova consciência.

O que está publicado no livro são momentos de experiência, tal como foram passados para o papel, nas suas únicas e irrepetíveis condições. Agora, vivo outros momentos e a consciência que tenho deles é, de certa maneira, a mesma, velha como o mundo e, ao mesmo tempo, totalmente nova, não tendo nada

– ou muito pouco – a ver com o que está escrito lá. Não tenho mais a pretensão – louca, ao meu ver – de reunir e concatenar esses momentos num todo articulado e acabado. Não tenho sequer a pretensão de me identificar com este livro – ou mesmo com o que estiver, por acaso, escrevendo agora – e, se o folheio, nem mesmo me reconhecço nele. Mas acho que isto é natural, as coisas são assim mesmo. Registramos coisas na falho de papel e elas se predem de nós e nós nos perdemos delas.

No livro, há um Maciel que sou eu, em virtude de uma arbitrariedade psicológica, e que contudo não é. Naturalmente, isso acontece com todo mundo, embora quase todo mundo finja que não, com uma ingênua tática de reforço de uma imagem contínua, permanente, de si próprio. Tal imagem não me importa. Verifico, apenas, que certos momentos produzem certos escritos. Em outros momentos, ao serem lidos, já são outra coisa. A consciência é o vazio, velha ou nova, são os supostos do jogo, e do vazio saltam fora essas flores ou esses espinhos. Agora, talvez eu seja uma espécie de falcão, em busca de caça nova. No livro, sou um falcão contente com a carniça.

**Em que posição você se coloca? Um homem do Ocidente olhando para o Oriente? Um orientalismo ocidental?**

Não me coloco em posição nenhuma. Cansei de me colocar em posições e não permanecer nelas mais do que um ano, um mês, uma semana, um dia, uma hora, um minuto, um instante. Talvez eu seja um homem do Ocidente, mas só em certos momentos, quando o Ocidente por exemplo existe, porque na maior parte do tempo, segundo tenho observado, o Ocidente não existe absolutamente – e, o que existe é céu e sol e mar e ruas e tráfego e trabalho e prazer e dor. Mas o Ocidente só raramente parece existir: quando pensamos nele.

Não estou querendo compromissos nem com o Ocidente nem com o Oriente, nem com nenhum território fictício im-

O fato é que, de uns anos para cá, a cultura ocidental não está dando mais pé, não está dando porque já não consegue enganar todo mundo, como há tempos atrás, e uma cultura certamente vive da extensão em que consegue envolver e iludir as pessoas com seus princípios, seus condicionamentos, seu tipo específico de ficção.

posto sobre a experiência do real por essas arbitrariedades do pensamento tais como geografia, história, cultura, etc. Se estou no Ocidente é, às vezes, por acaso, por falta de atenção. Se olho para o Oriente, que também não existe, é apenas porque parece que cada ficção deve ser contrabalançada por outra ficção, cada pólo criado pelo pensamento por outro pólo, que se apreenta como seu contrário. Para mim, o orientalismo em si não tem a menor importância: tem apenas um valor provisório, em certas condições, num certo momento.

O fato é que, de uns anos para cá, a cultura ocidental não está dando mais pé, não está dando porque já não consegue enganar todo mundo, como há tempos atrás, e uma cultura certamente vive da extensão em que consegue envolver e iludir as pessoas com seus princípios, seus condicionamentos, seu tipo específico de ficção.

Acontece que a cultura ocidental já está dando bandeira, não conseguiu mais se dissimular nas ilusões que tentou criar – e assim foi, é, natural que se começasse, se comece, a olhar para o Oriente e sua cultura, os reversos de nossa experiência fracassada no Ocidente.

O Oriente funciona como uma contracultura para o Ocidente, e assim mesmo como uma contracultura como a chamada "contracultura" logo descobriu e valorizou. Nossos irmãos do outro lado nos põem em xeque. Já fizemos isso com eles, levando-lhes nossos métodos, indústria, tecnologia, imperialismo político, costumes, etc., cheios de intenções, boas talvez, do tipo que o inferno está cheio: é justo, agora, que dêem o troco, não à nossa moda, intencionalmente, mas à moda deles, orientais, como quem não quer nada, sem deliberação, involuntariamente. É um troco sutil, maneiro demais, delicado demais, contra o qual nossas engrenagens são demasiado grossas e estúpidas. Acho legal curtir essa enquanto a civilização ocidental descamba abertamente para a loucura total. Acho natural: a gente usa sempre o que tem à mão, embora finja que não, que trabalhamos com nossas imaginações e não o que há efetivamente, diante de nós, aqui e agora. É preciso observar que o orientalismo é uma coisa que só existe no Ocidente, uma invenção, uma criação, um produto, uma obra do Ocidente, idêntica em todos os aspectos fundamentais a todas as suas outras criações e invenções – um jogo, apenas, que promete segurança quando não há segurança em nada, graças a Deus, porque se houvesse, a insegurança também se levantaria como uma força real e ela não é, é apenas uma imaginação que existe em função de outra imaginação – a sonhada segurança – e é por isso que não precisamos nos preocupar muito com as coisas. Pelo contrário, quando a gente se preocupa envelhece cedo e morre cedo, o melhor é mesmo descansar e ir vendo como as coisas vão fluindo, sem parar, e vão se transformando, e há sempre algo novo e diferente, e contudo é também tudo sempre a mesma coisa.

Para quem experimenta simplesmente ver as coisas, tudo aparece como uma questão de ver, de um jeito ou de outro, sendo todos, afinal, vazios e literalmente insignificantes, sem que isso autorize ninguém a conclusões filosóficas de ordem geral – pois, absurdo e sentido se determinam mutuamente e não se pode ter um sem o outro. Em consequência, não tenho o menor interesse acadêmico, intelectual, racional no Oriente. Antes de mais nada porque estou achando os interesses acadêmicos, intelectuais, racionais, etc., uma grande bobagem. Em resumo, quero apenas viver a vida. Se o Ocidente não quer deixar, a gente usa o Oriente contra ele, como antídoto. Mas a vida não conhece divisões entre o Oriente e o Ocidente.

**Um retrato do corpo inteiro, onde razão e instinto se contrabalancem.**

Quando Don Juan quis mostrar a Carlos Castañeda que estava demasiado preocupado com uma coisa imaginária, inexistente

– i. e. o próprio Castañeda – pediu-lhe que fizesse uma lista de todas as suas boas qualidades e defeitos. Castañeda passou dias organizando a tal lista com o maior cuidado, procurando elaborá-la a partir de profundas e acuradas reflexões. Quando terminou, Don Juan disse-lhe que fizesse outra lista em que cada item seria o oposto da primeira lista. Terminada esta, ficou evidente que as duas eram igualmente adequadas à imagem – às imagens, a qualquer imagem – que Castañeda fazia de sim A identidade a ser definida aparecia em toda a parte e não estava em parte alguma. Sabendo que as coisas são assim, é impossível oferecer um auto-retrato do méu pé, quanto mais de corpo inteiro. É claro que não tenho ideia nenhuma de quem sou – como todo mundo, aliás – e não acho que isso tenha a menor importância, desde que o eu é uma imaginação arbitrária que impomos sobre os fatos, livres, instantâneos, efetivos, diferentes a cada momento, esses sim reais, sensíveis, experimentados como aquela explosão de vida eficiente que o mestre Zen procura indicar ao esbofetear o rosto do discípulo. A bofetada diz tudo quanto há para ser sabido.

Quanto ao resto, nós nos apegamos das mais diferentes maneiras a um jogo perpétuo que insistimos em levar a sério, que pode ou deve até ser levado a sério de vez em quando, mas não demais, é claro, porque senão cansa.

Na ótica habitual, eu poderia dizer que tudo – e quando digo tudo quero dizer tudo – na minha vida foi feito por "acaso" – nem me arrisco a dizer que fui "eu" quem fez X, não: foi feito, simplesmente; aconteceu. E eis que, de repente, eu estudava filosofia numa faculdade, ou montava peças de teatro, ou ensinava teatro, ou me tornava jornalista, ou escrevia poemas, ou fuçava cinema, televisão, música popular e nem sei mais o que, sempre levado por um vento invisível e silencioso, levado pelo vento simplesmente e fingindo depois, na hora de conversar com os outros, que eu havia planejado ou preparado ou criado aquelas coisas que, na verdade, haviam caído do céu azul exatamente da mesma maneira que nós todos caímos certo dia de um céu azul, nascendo simplesmente, sem sabe por que, sem saber mais coisa nenhuma, e tentando depois decifrar insensatamente essa mágica ou fingindo que ela não existe, mantendo (para assegurar o ilusão) a mente presa aos jogos mundanos diários e fazendo de conta que um ego, um agente efetivo, um centro de decisão é que está no comando das coisas quando as coisas, na verdade, não o obedecem, nunca o obedecerão, e tudo acontece simplesmente porque acontece, como um milagre renovado que devia ser mais respeitado, simplesmente, para que a gente não leve tanta porrada.

**Ninguém está pensando em solução. Mas qual seria o modo mais prático de equilibrar-se no mundo?**

O negócio é só ir vivendo, sem se preocupar muito porque não adianta. Curtir o que pintar. Deixar andar. Ir levando. Deixar que as coisas passem sem se apegar a nada. Tudo muito simples. Muito prático.

Naturalmente, o equilíbrio é instável e pode ser rompido a qualquer momento – é preciso que seja mantido pela atenção – mas é por isso que existe o equilibrista. Não haveria problemas se não fosse a nossa loucura egocêntrica – ela é quem complica tudo. É por isso que o homem de conhecimento, segundo Don Juan de Castañeda, tem, além da vida para ser vivida, a sua loucura controlada através da despretensiosa consciência de que, por mais travessuras que faça, o centro egoísta de nossa personalidade é falso. Não temos importância nenhuma em relação a coisa nenhuma. Nada tem importância. Só nos atrapalhamos porque insistimos em dar importância a isso e aquilo e a nós mesmos, em primeiro lugar. A verdadeira existência não tem centro nenhum. Quando o inventamos, graças à imaginação, começamos a trilhar o caminho do inferno. Assim sendo, quem pendura a tal espada de Democles sobre a nossa cabeça somos nós próprios

– em que pesem as possíveis aparências em contrário. A espada surge da complicação mental, é afiada pelacomplicação mental e desfere seus golpes – frequentemente mortais, porque o objetivo fundamental da complicação egolátrica é o homicídio, manejado pelo braço da complicação mantel. É fantástico: estamos tão enfiados na complicação, fomos tão longe, que a complicação nos parece a ordem natural das coisas, e perdemos, mesmo, toda noção do simples. E, no entanto, o simples continua a ser o simples e a mente continua a operar em paz e no silencia por mais numerosos que sejam os fantasmas mentais que a cercam, inquietos, como morcegos assustados.

**O que é ou significa ioga, para você?**

Para mim, ioga é a própria vida. O verdadeiro Ioga, o único essencial, é a vida que vivemos todos os dias. Aquilo que se apresenta como um objetivo específico do Ioga, é, para mim, o próprio objetivo da nossa existência terrena. No seu sentido mais profundo, portanto, o Ioga não pode ser particularizado em nenhuma das suas técnicas específicas. Essas técnicas são como o resto de tudo que há no mundo: não são realmente importantes – pois nada é realmente importante – mas possuem, cada uma delas, o seu valor. Podem, portanto, ser utilizadas pelas pessoas – e cada pessoa deve descobrir a mais adequada à sua natureza e a eficiência de cada uma delas só pode ser medida pela utilização particular de cada um.

Já existem, certamente, muitas variedades de Ioga e podemos, ainda certamente, inventar mais uma porção delas. Talvez devêssemos fazer isso. As técnicas tradicionais foram criadas numa civilização mais suave, numa cultura menos sufocante: é natural que tenham dificuldades em apresentar resultados significativos. Em consequência disso, surgiram nos últimos anos algumas aventuras audaciosas, como a de Timothy Leary e seguidores que tentaram desenvolver um Ioga Psicodélico, com raízes doutrinárias na Vedanta e no Budismo tântrico tibetano, capaz – segundo seus codificadores – de realmente ajudar o homem ocidental contemporâneo e seus tipos específicos de condicionamentos, alienação e doença psíquica.

Devo dizer que não entendo nada de Ioga, em seus aspectos técnicos. Desde que Ioga é, para mim, antes de mais nada, a vida e a minha não é afeita a técnicas, ocupo-me de uma forma particular, pessoal e intransferível de Ioga – embora naturalmente aberta a todos, cada um a seu modo – que talvez possa resumir como a simples experiência atenta do cotidiano. Quanto às formas codificadas, eu as vejo com curiosidade e interesse e não acredito que nenhuma delas seja superior a qualquer outra.

**Como vê a prática de filosofias orientais pelo homem ocidental?**
Vejo com esperança e temor. Isto é, dois sentimentos perfeitamente inúteis. A descoberta do Oriente, no momento presente da cultura ocidental em que a loucura atinge extremos sem precedentes e em que somos conduzidos docilmente para a aniquilação como uma manada de bois para o matadouro, era inevitável e é muito útil.

O que julgamos ser o mundo objetivo não passa, na verdade, de uma projeção mental, uma determinada descrição do real – na verdade, sem substância, e portanto, a rigor, sem existência objetiva. Apegamo-nos de tal forma à descrição ocidental do mundo, a ponto de tomá-la como real e substancial, que precisaríamos de uma outra descrição que permitisse uma contestação, isto é, que desmascarasse a pretensa validade objetiva da imagem ocidental do mundo. Essa outra descrição do mundo, capaz de dissipar as ilusões sobre a imagem condicionada que introjetamos desde a infância, surgiu do real oferecido pelo pensamento oriental, embora não só por ele. Essa é a função decisiva do impacto que o pensamento oriental está tendo sobre nossa cultura. Se o mundo também pode ser como querem os orientais, então ele não é apenas e necessariamente como querem os ocidentais. Na verdade, o mundo não é nem de um jeito nem de outro, porque a realidade é radical e totalmente livre e se renova de maneira imprevisível, a cada instante, aqui e agora. Um dos caminhos para perceber isso, porém, é vivenciar profundamente descrições diferentes do mundo, pois, através dessa vivência profunda, podemos perceber antes que essas descrições são apenas isso, descrições, enquanto o real permanece intocado por elas. O pensamento oriental está tendo, portanto, em nossa cultura, uma função eminentemente crítica. Está nos mostrando que as coisas não são necessariamente como pensávamos que fosse, que o mundo que vemos não é necessariamente da maneira que o vemos. A prática dessas filosofias entre nós está cumprindo a tarefa necessária de demolir – principalmente nas novas gerações – a imagem ocidental do mundo, esse descrição que é doente e que, por isso, age, permanentemente, como uma fonte contínua de todas as espécies de doenças. Isso, que eu disse, resume, talvez, a minha esperança em relação ao assunto: a de que esse interesse contribua para um processo crescente de descondicionamento que é, nesse mundo condicionado de guerras, fome e injustiça, a única porta aberta – uma porta que, aliás, está, sempre esteve e sempre estará aberta, a cada instante, aqui e agora.

Falemos, agora, do temor: o interesse pode, facilmente, degenerar em aceitação passiva das imagens oferecidas pelo pensamento oriental na sua própria descrição do mundo. Talvez essa descrição seja mais sensata e menos doente do que a ocidental – e eu acredito que é. Mas ela pode se tornar um novo condicionamento, na medida em que se tornar uma nova imagem oficial do mundo, não apenas contestando a versão ocidental, para abrir caminho para o vazio luminoso e pacificado da mente, mas substituindo essa versão por uma outra, aceita num estado de espírito semelhante e num nível de consciência parecido. É fácil, assim, que as posturas do Ioga, as dietas da macrobiótica, os procedimentos da meditação, etc., se tornem fetiches, novas imagens coaguladas e mortas do mundo, a exemplo das categorias do pensamento ocidental. O pior que pode acontecer com o pensamento oriental é ser entendido como mais uma "filosofia", no sentido ocidental. O pior que pode acontecer com as técnicas orientais é serem tomadas no mesmo sentido programático, deliberado e matematizável que possuem no Ocidente. Isso está acontecendo e, talvez, seja inevitável que aconteça. O mais importante, aqui, é a necessidade de uma vigilância que deve ser impecável.

**Ioga tem alguma relação, direta ou indireta, com a "Nova Consciência", "underground" ou contracultura?**

Repito: o pensamento oriental está tendo em nossa cultura uma função eminentemente crítica. O surgimento do fenômeno a que se convencionou chamar "underground", "contracultura", etc., foi a manifestação aberta, evidente, da necessidade dessa crítica.

Tivemos, nos anos 60, em pleno coração da cultura ocidental, a irrupção espontânea de uma postura existencial que negava alguns dos supostos dessa cultura mais firmemente estabelecidos. Esse fenômeno não teve programação teórica nenhuma, não se fundou sobre nenhuma filosofia particular, desprezou toda e qualquer orientação ideológica. Não chegou mesmo a ser um movimento ou algo parecido – e sua liberdade tem mais pontos de contato com uma simples manifestação da Natureza – um vento, um dia de sol, uma tempestade, uma nova estação. Surgiu simplesmente, e nos últimos tempos tem inclusive se recolhido ao silêncio – também simplesmente, de maneira igualmente espontânea. O que ele colocou em questão, porém, foi antes mesmo do revigorado interesse pelo Oriente – a descrição do mundo próprio da nossa cultura. Foi portanto natural que o tal fenômeno empurrasse o interesse das pessoas para manifestações culturais que servissem de contestação crítica radical ao velho mundo contra o qual se insurgia. No caso, estão algumas tradições ocidentais desprezadas – a mística, o ocultismo, as chamadas ciências herméticas, astrologia, cabala, etc. – e o pensamento Oriental, incluindo-se o Ioga como uma das expressões mais vivas e poderosas. Assim, o "underground", a "contracultura", etc., tem desembocado em várias coisas e uma delas, uma das mais importantes, é o Ioga. O que se procura são caminhos eficientes para o descondicionamento – esse é o nosso problema básico, hoje, dentro ou fora da chamada "contracultura".

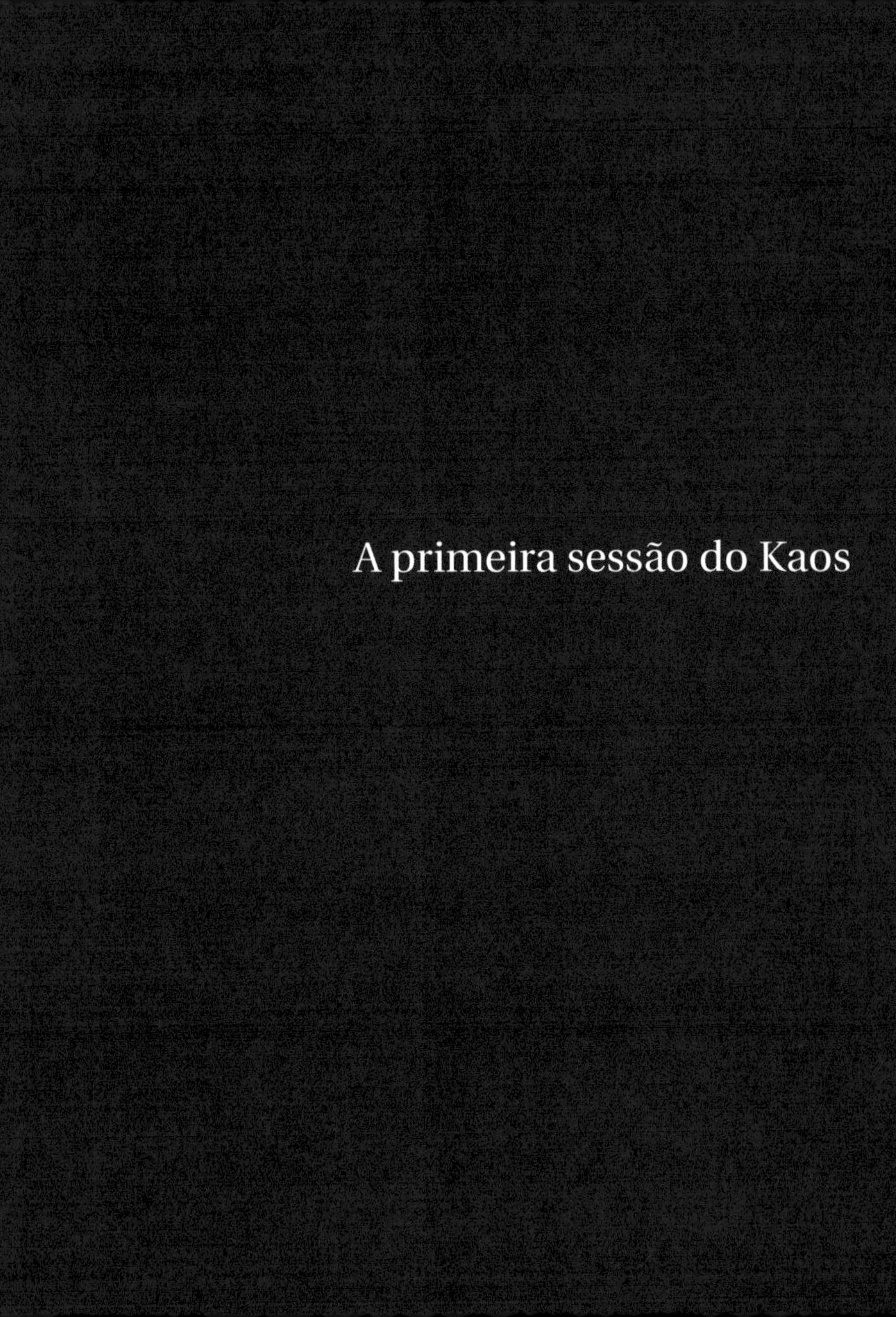
A primeira sessão do Kaos

COM CAETANO VELOSO E JORGE MAUTNER

# A primeira sessão do Kaos

COM CAETANO VELOSO E JORGE MAUTNER

Conversa realizada em 1975.

[**Maciel**] Fale aí, Mautner. Como é que você teve a ideia desse show e jornal?

[**Mautner**] A ideia do show foi fazer uma revista, uma revista que tivesse uma voz independente, face à crítica corrente no país. Não se se chega a tanto. Mas, enfim, um jornal que representasse uma  outra voz no país, já que há tantas vozes representadas em jornais, tabloides, etc. E você, Luiz Carlos Maciel, já havia dirigido Flor do Mal e Rolling Stone e, nesses dois trabalhos, os jornalistas não tinham capital para transar sua própria revista. Então a ideia é que, desta vez, os jornalistas, além de serem os diretores e criadores da coisa, ainda teriam também capital e seriam também executivos da questão. Além de que, tem também a parte do conteúdo ideológico, representaria assim uma voz da plurivalência, do pluralismo, da riqueza e da vitalidade da cultura nacional e da cultura musical nacional em particular. Muito obrigado.

[**Caetano**] Perfeito. Um discurso perfeito. Perfeito e fechado. Daí em diante não há debate possível.

[**Mautner**] Deixe-me dar um ligeiro adendo, de conversas baianas que nós tivemos, durante este último verão, eu, Caetano e Gil, e nós estávamos até falando que o que se escrevia não só sobre música, mas também toda coisa relativa à cultura, geral e urbana, semi-urbana, e que não havia um só enfoque destes e que qualquer enfoque destes era representado, era visto assim com malignidade, por certos olhos. E não era nada disso, era apenas uma visão. E uma crítica que fosse uma crítica criativa, poética, uma crítica contribuindo à arte e não a destroçando.

[**Cabral**] O que aconteceu quando Mautner fez o convite a você?

[**Maciel**] Qual o seu primeiro impulso?

[**Caetano**] Aceitar. Eu fui logo aceitando.

[**Mautner**] "Fui logo aceitando". Que maravilha!

[**Caetano**] Fui logo aceitando. É porque a gente tinha conversado um pouco sobre isso. Muito a partir do problema da crítica, que é uma coisa que é sempre um problema meio desagradável, não é? Quando a gente está fazendo um negócio de criação artística, a crítica é sempre um momento meio difícil, não é? Mas é um momento que pode ser bonito também. O momento da crítica é um dos momentos de transação da obra de arte, e podia ser também um momento bonito, e por vezes é. E estava meio triste, não é? Meio pra trás. Então isso a gente comentou. Isso é um dos aspectos do que ele, o Mautner, falou aí que podem ser sacudidos, se a gente fizer um jornal, uma revista. A gente pode bulir com isso, mexer com isso. Se bem que eu, pessoalmente, não tenho tanto interesse jornalístico de modo geral. Quando você me falou em jornal, ou em revista, eu tive vontade de fazer uns trabalhos assim de reportagem, sabe como é? Isso me animou. Mas reportagem como criação. Meu deu vontade de criar uma espécie de bossa-nova da reportagem, ou uma bossa-nova na reportagem. Fazer uma bossa-nova assim ligada, sabe?

[**Maciel**] A crítica está triste porque está numa posição extrema, desequilibrada. Não está no mesmo nível de vibração dos criadores. Está vindo muito mais de fora, muito separada.

[**Caetano**] É, a gente sente isso.

[**Maciel**] Isso é parte dessa tendência modernizante, industrial, tecnológica, imitando americano. Então tem de institucionalizar tudo da maneira mais separada, mais estanque do que tem sido a norma na cultura brasileira. Não sei, ao que me lembro, sempre havia antes uma integração muito maior entre a crítica e a criação, no sentido de que todos compartilhavam mais ou menos as mesmas experiências, só que o artista criando as obras e o crítico comentando. Hoje, realmente os críticos estão no papel de juízes implacáveis de produtos que estão sendo lançados ao mercado.

[**Caetano**] É. E é um pouco uma farsa. As pessoas representam um pouco essas coisas, e a divisão é assim ainda mais estanque do que a própria realidade exigiria.

[**Maciel**] A realidade, se coloca a crítica em oposição, tem que colocar também o movimento oposto, de união, senão desequilibra. Tem que haver esse movimento de junção, de participação, de comunhão. O Kaos tem de ser um jornal de comunhão, mais do que de separação. Todos nós temos a mesma experiência básica que é a vida, e compartilhamos mais ou menos das mesmas experiências. Os registros é que são diferentes: o crítico, por definição, funciona de uma maneira meio parasitária.

[**Caetano**] Mas acontece que se o crítico não toma a função dele como uma função definida, quer dizer, como se fosse uma obrigação de guardar a criação artística, ou seja, no sentido de policiar a criação artística, então a crítica se torna um modo de ser inteiriço, como a criação artística. Isto é: deixa de ser uma coisa parasitária. Se uma pessoa deixa de agir como se fosse "crítico", quer dizer, então aí eu acho que ele entra na transação, entendeu? Mas o que a gente está falando aqui pode até ficar um pouco teórico, sobre o que a crítica é ou não é, e vai ficar um pouco enjoado porque a gente não vai resolver esse problema. Esse negócio desse papo sobre a crítica só surgiu há algum tempo porque eu senti o desequilíbrio que há entre a música popular, que é um negócio que eu trabalho, e esse negócio da crítica da música popular, que eu acho que é o negócio que mais se especializou nos últimos tempos, aqui no Brasil. Quando você está falando aí da influência norte-americana, eu acho que no caso da música popular é onde houve mais isso. Mas o que eu senti muito é que a música popular estava com um poder de criatividade muito forte, a gente sentindo muita, mas muita energia mesmo, uma vitalidade incrível, e vendo isso mesmo, entre os criadores e... Não é só cada um, em particular; nos encontros, você sente; e no disco que sai, nas músicas que pintam e nos shows que você vai ver... E então emoções enormes e uma transa de informações, numa rapidez monumental, e a crítica falando que não está nada acontecendo e ainda reclamando. E isso eu achei que podia chegar a ser negativo para o ambiente, quer dizer, criar um bode no ambiente, criar um bode de fora para dentro. Então eu achei que vai ver que tem determinados fatores da realidade que levam a isso, não é? Que a crítica se comporta desse modo apesar da criação estar se comportando de um modo totalmente diferente. A barra deve estar pesada, alguma coisa deve estar possibilitando isso, é claro, nada pinta por acaso e nem tudo é resultado das más vibrações de alguns indivíduos. Quer dizer, não se pode pensar desse modo, ou não só desse modo. Então se havia isso, havia uma verdadeira fragilidade que a gente sente, por exemplo, no momento em que eu me preocupo com a crítica ser assim e sinto necessidade de agir; sinto em que isso é um sintoma de fragilidade, mas a fragilidade tem de haver sempre, não é? E há – e a gente vai sempre desbaratinando, não é? A franqueza da transação. Mas eu me preocupei com isso porque a separação está na coisa oposta mesmo: a criação de uma vitalidade nova e a crítica numa morbidez impressionante.

[**Maciel**] Estamos sempre vivendo tempos de dvisão, mas a divisão nestes tempos talvez tenha a ver um pouco com isso, que aquelas pessoas que vivem um mundo de tradição literal, histórico, etc., estão cada vez mis encurraladas e este é o mundo mais próximo das pessoas que escrevem, jornalistas, etc. Mas ao mesmo tempo em que isso acontece, em que isso é uma morte, tem o outro lado de tudo isso, que aparece espontaneamente, intuitivamente, sob a forma de inspiração. Então, o músico, o artistas criador, é mais sensível a isso, à inspiração. Então ele começa a sentir energias que outros não sabem identificar.

[**Caetano**] Gostei. Gostei muito disso.

[**Maciel**] O jornal deve estar atento a essas energias novas que surgem. São coisas que não se pode teorizar, coisas que não se pode colocar numa estética ou num programa. Coisas de que não se pode falar, só sentir. Kaos é o jornal do espontâneo, do intuitivo, do sempre novo.

[**Mautner**] Lá atrás, você tinha falado do ângulo negativo, sobre imitar americano e produto de mercado, e eu queria falar da sua ambiguidade, do seu caráter positivo, fragmentado o espaço e possibilitando essa descentralização. Porque parte desses aspectos nocivos da crítica vem do aspecto totalitário do espírito crítico. A crítica também é, às vezes, muito emocional, mas muito racionalizada também, apoiada numa littèrature toda, equivocada. Então, fica um panorama complexo, não é? E outra coisa, por exemplo, as pessoas que você falou que ficam imaginando um mundo assim histórico não têm saída, concordo, então elas passaram a imaginar o pesadelo. Ficam imaginando o pesadelo.

[**Maciel**] Por isso que está todo mundo vendo crise de petróleo, crise de energia, escassez.

[**Mautner**] Exatamente. Mas não há nada disso. O que há é uma abundância de energias.

[**Caetano**] Concordo. Há é uma abundância de energias.

[**Maciel**] As coisas ficam pretas quando não se descobriram ainda os caminhos da mágica. Nós precisamos é da mágica, não é? E agora, vamos ver nossa competência como mágicos, com esse show. Se a mágica não sair muito certo, é porque estamos com as poções não muito bem dosadas. Mas se sair tudo legal, então é porque as poções estão com as quantidades corretas.

[**Mautner**] É um caso de certeza estatística.

[**Maciel**] Por enquanto, a mágica está correndo bem.

[**Mautner**] Esse nome, Kaos, vai ser com K?

[**Caetano**] Eu quero que seja com K.

[**Mautner**] Já que é o Kaos com K, é bom que as pessoas não confundam com o caos com C. Porque Kaos com K é diferente de caos com C, e eu gostaria, se pudesse, de fazer uma pequena explicação rapidamente... Para mim, o Kaos com K seria esse turbilhão todo e um otimismo permanente, não é? Até mesmo e junto com a tecnologia, em seu plano mundial, cibernético, paranoide. Pois o paranoide compreende o maravilhoso. Ele abundará em superenergias, humanas, animais, existenciais, florestais... Com a superindústria redescobrindo a natureza, com a suprema Techné chamando, sugando de novo os vegetais, olha só! Breve, então, essa antropologia se revelará nossa maior riqueza, o nosso maior maná, essa reserva de instintos, de saques, de dengues, de instituições, magias que você falou aí. E também é a coexistência de toda essas coisas, sendo que os conflitos do caos com C se resolvem de maneira grosseira, brutal, danosa e mortal, enquanto que no Kaos com K são choques de espaços culturais que ao se chocarem produzem novos espaços culturais, como bolhas de sabão, se chocando uma nas outras, produzem novas bolhas.

[**Maciel**] Uma função alquímica: transmutar o caos com C em Kaos com K.

[**Caetano**] Muito suingue. Está ficando cada vez mais bonito.

[**Maciel**] Os alquimistas estão chegando. Precisamos dar uma grande reportagem com Jorge Ben.

[**Caetano**] Pois é. Jorge Ben no primeiro número.

[**Mautner**] Incrível.

[**Maciel**] Podemos aproveitar e ter uma página de esportes, sobre o campeão mundial de boxe, Cassius Clay. Eu pensei naquela música de Jorge Ben pra ele falar em "sucessor do Batman". Pensei em botar a letra do Capinam para o Gotham City e a letra do Jorge Ben para Cassius Clay, o sucessor de Batman.

[**Caetano**] Bonito isso.

[**Mautner**] As pessoas também podem botar recados, comunicações.

[**Maciel**] Pensei que o jornal pudesse ser um pouco uma espécie de álbum, onde cada um transasse a sua parte. Assim poderíamos ter números bonitos, não é?, que cada mês fosse um pequeno evento, um pequeno acontecimento.

[**Mautner**] Em várias áreas, não é? Artes plásticas... E você já pensou num congresso de cientistas?

[**Caetano**] Cientista é bacana.

[**Mautner**] Biólogos, químicos, físicos nucleares...

[**Maciel**] Há cientistas muito loucos por aí. Se encontrássemos uma meia dúzia deles, daria para fazer um certo barulho.

[**Caetano**] Tecnomagos. A tecnomagia.

[**Maciel**] Há dias, li um trabalho meu sobre androginia no circulo de estudos de C. G. Jung, da Dra. Nise da Silveira. Fiquei conhecendo também um ensaio dela, Deus mãe, sobre o princípio feminino e sua ascensão atual.

[**Caetano**] Eu sei. Eles me entrevistaram sobre isso, sobre essa coisa do princípio feminino na música popular no Brasil. Me falaram de uma das minhas músicas, da Janelas Abertas nº 2, que fala: "Deus morto fêmea". Então me perguntaram sobre isso e outras coisas também.

[**Maciel**] Poisé. Acho que essas coisas assim pintam para o jornal.

[**Caetano**] Acho que só é preciso mesmo ter o jornal.

[**Mautner**] E ao mesmo tempo textos super-racionais também.

[**Caetano**] Claro.

[**Mautner**] É um jornal democrata.

[**Maciel**] Cósmico-democrata.

[**Caetano**] Pra mim, já tem muito a ver por causa da música. A música já é um pouco isso. O modo de ser da música já é um pouco tudo isso. E se for fechado num tipo de coisa, então aí vira mais uma coisa entre outras; enquanto que se se considerar mais uma coisa entre as outras, então vira uma coisa única, não é? Essa coisa democrática que você falou.

[**Mautner**] Exatamente. Porque ela é que vai permanecer e manter assim correndo os rios da vida.

[**Caetano**] Porque eu sou muito racional também.

[**Maciel**] E é por isso que estamos fazendo um jornal. E para dizer as coisas, porque o tempo está ficando curto, só uns poucos anos.

[**Caetano**] E é bom tocar também. Se o tempo está assim ficando curto, como se pensa.

[**Maciel**] Nostradamus, os astrólogos, etc. estão prevendo grandes coisas para o final do século. Sabe Deus o que vai acontecer.

[**Mautner**] Mas acho que é tudo para o bem, não é? Tudo é para o melhor da humanidade. Nunca se comeu mais, se leu mais, se gravou mais.

[**Maciel**] Deu na coluna do Zózimo. Um homem de negócios disse num restaurante: o apocalipse está aí, só os bons se salvarão.

[**Mautner**] Mas a história não é acima do bem e do mal?

[**Caetano**] Mas o apocalipse é acima da história. Ou não?

[**Maciel**] Só se salvarão os bons, os que estiverem acima do bem e do mal.

[**Caetano**] Duas vezes maniqueu, igual a...

[**Maciel**] Pode-se dizer que o Kaos é portanto um jornal apocalíptico. Mas apocalíptico no bom sentido.

[**Mautner**] No positivo. É uma torre de Babel, onde todos cantam. A tragédia é maravilha. A tormenta é coisa boa. O furacão é criativo.

[**Maciel**] O paraíso é uma cidade em chamas, como o inferno.

[**Mautner**] Em chamas é o amor. É o calor que aquece. A vida.

[**Maciel**] Em vez de debate, devíamos fazer um poema.

[**Mautner**] De qualquer maneira, o jornal vai preencher uma lacuna, uma coisa que eu acho que falta no mundo das letras nacionais: uma visão, um enfoque, um olhar doce e desvairado, talvez, que pouse sobre os acontecimentos e os narre de uma maneira talvez diferente.

[**Maciel**] Que veja as coisas de maneira mais... justa.

[**Mautner**] As palavras, às vezes, colocadas de outra forma, ficam cansadas às vezes, dão dor de cabeça. Podem fazer o mal, podem fazer o bem. Tem certas palavras que têm melodia, não é? E mesmo a crítica seria melodiosa.

[**Maciel**] No I Ching, as palavras são relacionadas com o trigrama TUI, que representa a filha mais moça, pântano, águas paradas, lago, alegria, prazer. E boa. São duas linhas inteiras e uma quebrada.

[**Caetano**] Dois yang e um ying.

[**Maciel**] Dá um trigrama feminino. Relaciona boca com prazer. As palavras foram feitas apenas para dar prazer.

[**Caetano**] A boca é um tema para o jornal. Porque no jornal as palavras vêm escritas, como você tem nos livros também. E a palavra escrita é uma notícia da palavra falada, não é? A palavra falada é que é o prazer, e a palavra escrita é uma notícia desse prazer. Então a boca, a imagem da boca, dá de volta o sentido primeiro. É bonita essa ligação de palavra com prazer.

[**Maciel**] Temos prazer pela boca. Como diz Mautner: "eu vou cair de boca".

[**Mautner**] Isso já é outra coisa.

[**Caetano**] Estamos em plena fase oral. Aguardem o próximo número. Não é isso que chamam de apocalipse? Talvez seja, não é?

[**Maciel**] Você acha que devemos teorizar o jornal mais racionalmente?

[**Mautner**] Ah, sim, tudo, tudo o que der vontade. Dentro da possibilidade e da eficiência. O ideal seria o sistema de votos, claro, mas seria difícil de computar. O ideal seria que se representasse na maior parte das coisas, necessariamente, esta visão, mas claro, quem tem essa visão é relativista por natureza e, portanto, não excluiria uma outra de maneira dogmática. Ao contrário, eu pensaria até em escrever apelos para certos críticos pra que eles abrissem mais, pra que eles desdogmatizassem, dessectarizassem mais e conseguissem ampliar o seu raio de visão. Sem que isso fosse em tom de conselho, porque não sei dar conselhos.

[**Caetano**] Dê-lhes uma ordem, então.

[**Mautner**] Uma ordem, uma ordem, claro.

[**Caetano**] Ordem é a coisa mais gostosa. Você não teve pai? Além disso, kaos é uma palavra gostosa, boa pra boca. Parece que morde, assim.

[**Maciel**] Boa pra chegar na banca e pedir.

[**Mautner**] Olha só que sutileza aí.

[**Maciel**] O que o senhor deseja? O Kaos.

[**Caetano**] Ou um Kaos.

[**Mautner**] Com k, eis a diferença. E fica meio simbólico, porque kaos com k parece um símbolo, não é? Um desenho.

[**Maciel**] Tudo é símbolo, uma alucinação feita de símbolos. E o jornal, mais um deles, misterioso, indecifrável.

[**Mautner**] A esfinge, o enigma, que o cara foi decifrar. Édipo. Ele não decifrou nada porque acabou na pior, não é? Casou com a mãe, matou o pai, veja: ele, que decifra o enigma.

[**Caetano**] Meu psicanalista já disse que é inútil.

[**Maciel**] Decifrar o enigma?

[**Caetano**] Não sei. Acho que ele não disse isso. Acho que ele disse que não adianta tentar.

[**Mautner**] Podíamos também convidar os psicanalistas para dar sua visão da obra de arte.

[**Caetano**] E vice-versa.

[**Mautner**] Sim. E vice-versa. E com toda a maldade possível, pois a maldade é vitalidade. Nós gostamos de psicanalistas de todas as tendências, os junguianos, os freudianos, os normam-brownianos, os reichianos.

[**Caetano**] E gostamos dos irracionalistas, dos racionalistas e dos super-racionalistas.

[**Maciel**] Fiquei interessado nesse norman-browniano.

[**Mautner**] Posso lhe dizer o endereço, é muito bom.

[**Maciel**] Ele é irracionalista, racionalista ou super-racionalista?

[**Mautner**] Ah, não sei. Só sei que é norman-browniano.

[**Caetano**] Os espaços culturais estão ficando superespecializados.

[**Mautner**] Superespecializadíssimos. Mas é tudo da lei. Porque as pessoas ficam se lamentando: ah, não tem uma direção única, não tem. Poxa, se tivesse uma direção única seria horroroso.

[**Caetano**] Em música popular eu sempre digo isso, eu acho ótimo esse negócio de não ter linha, não ter direção. Eu me sinto muito mais à vontade. Acho que fica mais criativo, eu encontro colegas assim e acho que fica mais alegre. Muito mais do que ter aquela palavra de ordem, aquela coisa com seguimento, uma linha.

[**Cabral**] E sempre que se desenvolve a linha fica um bode.

[**Caetano**] Pois é. Aquilo que a gente estava falando sobre a crítica se deve um pouco a isso. A crítica se sente desnorteada por não haver linha. A crítica, em vez de falar da música, que é o que se dá...

[**Mautner**] Do presente.

[**Caetano**] Ela fala da linha, que é uma coisa que não há.

[**Mautner**] Não, não há.

[**Maciel**] Só conseguem ouvir música através de uma imagem mental.

[**Caetano**] E ficam cobrando dos músicos porque estes não fornecem uma imagem mental pra eles traduzirem no que estão fazendo, que é uma força bruta – viva Jorge Bem, que nunca foi linha nenhuma e ao mesmo tempo é nítido e inconfundível.

[**Mautner**] Assim vejo o Kaos com k com uma função didática também. O diálogo de críticos e criadores e a transmutação dispersa de esclarecimentos.

[**Caetano**] Tem que desensinar. Tem é que desensinar.

[**Mautner**] Não ter medo de totens e tabus equivocados. Desensinar. Villa-Lobos, o grande Villa-Lobos: estude muita música, profundamente, depois esqueça tudo.

[**Caetano**] É lindo isso.

[**Mautner**] O simples. O trabalho.

[**Maciel**] O simples. O trabalho. É.

[**Mautner**] A compreensão.

[**Maciel**] John MacLaughin diz que não faz sua música, que Deus cria a música através dele, que é um instrumento. Um instrumento que ele procura manter afinado.

[**Caetano**] Isso lembra João Gilberto.

[**Maciel**] Afinar o instrumento.

[**Caetano**] É. Compor realmente é a parte mais fácil. Afinar é que é a parte mais difícil da música. Não é, Carneirinho?

[**Maciel**] Pra afinar, é preciso confiança, não é? Confiança nas coisas que vão acontecendo, que vêm do desconhecido.

[**Mautner**] No presente. Que é sempre futuro.

[**Caetano**] Isso é que é difícil.

[**Maciel**] Então, o apocalipse está aí, à disposição de todo mundo.

[**Caetano**] Rogério, um dia, falou assim: cada geração tem o seu apocalipse. Demorou uns segundos e aí falou assim: cada minuto tem o seu apocalipse.

✻

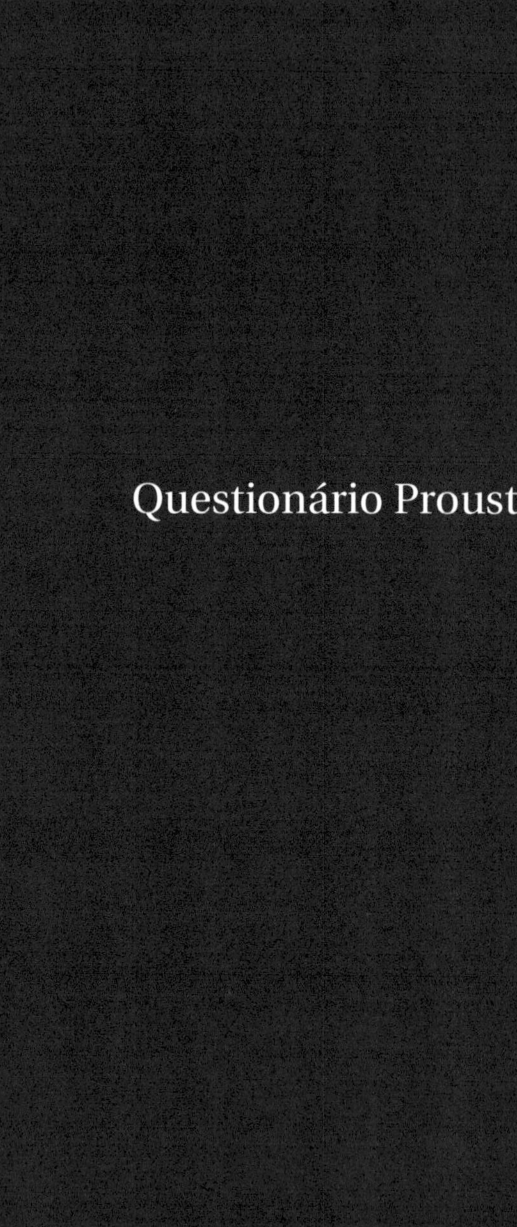
Questionário Proust

POR JOÃO CARLOS DE OLIVEIRA

# Questionário Proust

POR JOÃO CARLOS DE OLIVEIRA

Originalmente publicada no *Jornal do Brasil*, em 9 de maio de 1975.

**[Marcel Proust] Qual o traço principal do seu caráter?**

A delicadeza pisciana; a preguiça receptiva; a adaptabilidade; uma certa passividade. Acho que tenho uma alma feminina.

**Qual a qualidade que aprecia num homem?**

A sensibilidade; a intuição; o conhecimento.

**A qualidade que prefere numa mulher?**

As mesmas acima, e mais: a graça, a sensualidade, a independência e o mistério – essas coisas nas quais as mulheres são insuperáveis.

**O que mais aprecia nos seus amigos?**

Que me deixem à vontade.

**Qual o seu principal defeito?**

A tristeza; um dolorido romantismo; a autopiedade egoísta; as olheiras fundas.

**Qual a sua ocupação preferida?**

Tudo o que se faz com o corpo inteiro: ginástica, hatha yoga, dança e outros doces, etc.

**Qual o seu sonho de felicidade?**

Não sonho mais com a felicidade; prefiro me aprontar para experimentá-la.

**Qual seria a sua maior desgraça?**

A ignorância; a incompreensão em relação à dor e ao sofrimento.

**O que desejaria ser?**

Tudo; isto é: o que sou.

**Onde desejaria viver?**

Em lugares incognoscíveis, maravilhosos, mágicos, surpreendentes, infernais, paradisíacos; isto é: onde estou.

**Qual a sua cor preferida?**

Cada uma delas, dependendo de cada momento; mas tenho uma queda para o preto e para o branco – as cores de meu pai Abaluaê, a ausência e a plenitude, yin e yang.

**Sua flor preferida?**

As de cores brilhantes; as que estão no campo; as banhadas pelo sol; as macias; as cheirosas.

**Seu pássaro predileto?**

Um passarinho que, no sítio, pousava no galho de um arbusto próximo à minha janela e, todas as manhãs, se prestava a um dueto com meu desafinado assobio – e durante tanto tempo que eu me enchia de pura alegria. Não sei o nome.

**Quais os autores que prefere na prosa?**

O Rei Wen e seu filho, Duque de Chon, autores do I Ching; os filósofos pré-socráticos; Lao Tsé, Nagarjuna; Alan Watts; Timothy Leary; Norman O. Brown; Carlos Castañeda.

**Seus poetas preferidos?**

Quase todos. De cabeceira: William Blake, Fernando Pessoa, Carlos Drummond de Andrade.

**Os heróis de ficção que você mais admira?**

Heróis mitológicos: anjos, demônios, orixás, deuses olímpicos, deuses hindus, etc. O mais fascinante acho que é Lúcifer, o Anjo Rebelde.

**E as suas heroínas de ficção?**

A Julieta, de Shakespeare; a Mãe Coragem, de Brecht.

**Quais os seus compositores preferidos?**

Bach; Duke Ellington; Jimi Hendrix; Miles Davis.

**Quais os pintores que prefere?**

Brueghel; El Greco; Gauguin; Picasso.

**Quais são os seus heróis na vida real?**

Jesus Cristo; Sidarta Gautama; o Dom Juan, de Castañeda, no qual acredito piamente como herói da vida real.

**E suas heroínas históricas?**

Marilyn Monroe; Janis Joplin; Jane Fonda; Leila Diniz. E a Nova Mulher, se já se sabe o que é isso.

**Quais os nomes que você prefere?**

Os originais; os que são usados pela primeira vez – pelo menos aparentemente.

**O que você detesta acima de tudo?**

A violência; a arbitrariedade; a prepotência; a boçalidade; a pretensão; o egoísmo.

**Quais o caracteres históricos que mais despreza?**

Os que se caracterizam pelo que foi nomeado na resposta anterior.

**Qual o feito militar que mais admira?**

A inesquecível vitória sobre as tropas do General Custer.

**Qual a reforma que mais admira?**

A da personalidade; a do corpo. São correlatas.

**Que dons naturais gostaria de ter?**

Os musicais.

**Como gostaria de morrer?**

Atento.

**Qual a situação atual do seu espírito?**

Legal; com altos e baixos.

**Quais os fatos que lhe inspiram maior indulgência?**

Os provocados por culpa dos outros.

**Qual é o seu lema?**

Vejamos o que acontece.

*

# Decálogo político

POR GLAUBER ROCHA

# Decálogo político

POR GLAUBER ROCHA

Originalmente publicada no
programa de TV Abertura,
na TV Tupi, em 1979.

[Glauber] Hoje nós vamos falar aqui com um filósofo brasileiro, Luiz Carlos Maciel. Ele faz outras coisas, mas eu não quero falar das outras coisas. Ele é um filósofo, para mim um dos maiores filósofos do país, um dos maiores filósofos do mundo, tem apenas 41 anos, e estamos lançando um partido político, porque ele chegou com uma plataforma de partido político e eu imediatamente aderi. Então já estou no partido dele. O Darcy Ribeiro me indicou o PTB, a Ivete Vargas também, mas nós vamos lançar o nosso partido político também. Com a palavra Luiz Carlos, para ler a plataforma do partido. A plataforma que irá depois ser desenvolvida com os novos membros do partido e tal. Espero que a abertura nos permita a nós, jovens políticos do país, a lançarmos também nosso partido.

Bem, exatamente isso, Glauber. Eu quis aproveitar o momento que estamos vivendo no país, que é um momento de abertura, e que novos partidos estão sendo criados e lançados, e fiz um manifesto, uma espécie de pequeno decálogo político, e que eu gostaria de apresentar como proposta a esta nova possível agremiação política. Eu fico contente que o Glauber leu a metade e até a metade ele achou legal. Eu vou ler todo agora para vocês:

I. QUEREMOS LIBERDADE. QUEREMOS QUE TODOS TENHAM O PODER DE DETERMINAR O SEU PRÓPRIO DESTINO.

Esta é a ideia básica. O principal defeito das presentes organizações sociais, sejam elas de qualquer tipo, é que não nos deixam viver como queremos. Tudo foi tão organizado – e, naturalmente, mal organizado – que já nascemos prisioneiros e os sistemas de controle são, cada vez mais, totalitários e asfixiantes. A isso chamam progresso. Não serve pra nada, se você deixa de ser dono do seu nariz. Seria melhor que simplesmente nos deixassem em paz. Por isso, Malatesta pede "a abolição do governo e de qualquer poder que faça leis para lançá-las aos outros; portanto, abolição das monarquias, das repúblicas, dos parlamentos, dos exércitos, das polícias, das magistraturas e de toda e qualquer instituição dotada de meios de constranger e punir". Em outras palavras: deixem-nos respirar.

II. QUEREMOS JUSTIÇA. QUEREMOS O FIM DE QUALQUER REPRESSÃO POLÍTICA, CULTURAL E SEXUAL, SOBRE TODOS OS OPRIMIDOS DO MUNDO, ESPECIALMENTE A REPRESSÃO CONTRA AS MULHERES, OS NEGROS E TODAS AS MINORIAS.

Por todas as minorias, entenda-se o que está literalmente escrito, incluindo-se os índios, judeus, homossexuais e demais minorias eróticas, políticas ou religiosas. Nascer neste mundo nos dá o direito de ser o que Deus quis e fazer de nossa vida o que, com Sua Graça, quisermos. Nascemos livres para pensarmos o bem ou mal entendermos, fazermos a arte e a cultura que quisermos, etc. Rejeitamos toda e qualquer racionalização que vise a justificação e consequente preservação de qualquer procedimento repressivo, em qualquer nível. A derrubada da opressão é a libertação dos oprimidos. Neste particular, não pode haver concessão a qualquer tipo de crueldade oficializada. Todos os seres vivos são irmãos.

III. QUEREMOS UMA TRANSFORMAÇÃO COMPLETA DO CHAMADO SISTEMA JURÍDICO, DE MANEIRA QUE AS LEIS, OS TRIBUNAIS E A POLÍCIA ATUEM UNICAMENTE EM FUNÇÃO DOS INTERESSES DE TODOS. QUEREMOS O FIM DE TODA E QUALQUER VIOLÊNCIA CONTRA O POVO.

Não tem graça nenhuma você ser um cidadão – isto é, um ser humano que vive em comunidade com seus semelhantes – e viver com medo da polícia e dos juízes. Jesus Cristo mando que ninguém julgasse ninguém, para não ser julgado. Em nossa sociedade anticristã, porém, o que se observa é o oposto. Alguns homens delegaram a si próprios o direito de julgar, condenar e maltratar seus semelhantes – e, ainda por cima, dizem que isso é muito natural e, o que é o pior, muitos acreditam. Isso tudo é um absurdo evidente, uma doença, uma alucinação coletiva das mais sérias. O ideal, naturalmente, é que não existam leis, nem tribunais, nem polícia. Mas enquanto esse ideal não é possível, é preciso exigir, pelo menos, que essas leis, tribunais e polícia se comportem com um mínimo de decência – e não da maneira escandalosa, imoral, como acontece agora.

IV. QUEREMOS UMA ECONOMIA MUNDIAL LIVRE, BASEADA NA TROCA DE ENERGIA E MATERIAIS – E O FIM DO DINHEIRO.

O dinheiro – "a culpa materializada da Humanidade", segundo Norman O. Brown – é a origem concreta de, pelo menos, noventa por cento de todos os males e problemas, de ordem econômica, social, psicológica, existencial, esperitual, etc. É espantoso que depois dos séculos ensanguetandos e tenebrosos, durante os quais o vil metal reinou absoluto, ainda tenhamos saúde para aturá-lo. A primeira providência de uma revolução planetária realmente libertadora tem de ser a abolição do dinheiro, pura e simplesmente. Precisamos estabelecer um novo sistema de trocas, pois o vigente criou um fetiche demasiado monstruoso para ser suportado. O dinheiro não traz a felicidade, meninos: será que vocês todos não perceberam isso?

V. QUEREMOS UM SISTEMA EDUCACIONAL LIVRE QUE ENSINE A TODOS OS HOMENS, MULHERES E CRIANÇAS DA TERRA EXATAMENTE O QUE TODOS NÓS DEVEMOS SABER PARA SOBREVIVER E CRESCER, COM TODO O POTENCIAL DE SER HUMANO.

O que nossas escolas fazem é uma monstruosidade sem limites. Em primeiro lugar, não ensinam nada do que, desde crianças, deveríamos aprender: caçar, pescar, plantar, cozinhar, fazer casas, fazer roupas, curar doenças, etc. Nada: nossas necessidades básicas de sobrevivência são deixadas por conta de uma sociedade reconhecidamente injusta e desumana. O que a escola ensina é a submissão passiva, conformada, sem contestações, a essa sociedade, através de uma diabólica lavagem cerebral que começa na mais tenra infância e se estende poderosamente até a universidade. Além de não nos ensinar a sobreviver, a escola nos impede de crescer, como seres humanos, agindo com determinação no sentido de reduzir cada um de nós a mera unidade do rebanho humano.

VI. QUEREMOS LIBERTAR TODAS AS ESTRUTURAS DO DOMÍNIO DAS GRANDES COMPANHIAS E TRANSFERIR TODOS OS EDIFÍCIOS E TODA A TERRA PARA O POVO.

Essas companhias podem ser privadas ou estatais, nacionais ou multi, tanto faz. Elas não representam o povo e são, na verdade, suas inimigas. Cito mais uma vez Malatesta que pede "a abolição da propriedade capitalista ou estatista, da terra, das matérias-primas e dos instrumentos de trabalho, para que ninguém tenha meios de viver explorando o trabalho dos outros, e que todos, assegurados os meios de produzir e de viver, sejam verdadeiramente independentes e possam associar-se livremente uns com os outros, no interesse comum e de conformidade com as simpatias pessoais". A terra e tudo que é produzido a partir dela – isto é, simplesmente TUDO, nada menos – pertence ao povo.

## VII. QUEREMOS UM PLANETA LIMPO. QUEREMOS UM POVO SÃO.

Isto é: saneamento ecológico, em todos os níveis. Queremos o fim da poluição, seja ela química, atômica ou espiritual. A defesa da saúde, tanto do planeta como um todo, quanto de cada corpo vivo em particular, é um dever religioso, pois o planeta e o corpo são templos de Deus.

## VIII. QUEREMOS ACESSO LIVRE A TODAS AS INFORMAÇÕES, A TODOS OS MEIOS DE COMUNICAÇÃO E A TODA TECNOLOGIA.

Queremos a abolição total e definitiva da censura, não só da oficial, mas de todas as censuras, exercidas pelos donos do poder econômico e, em consequência, dos veículos de comunicação de massa. Queremos, ao mesmo tempo, saber o que está acontecendo e ter meios de expressar e comunicar o nosso próprio pensamento. Queremos arrancar as mordaças. Queremos deixar de ser meros objetos de manipulação para ser sujeitos de nosso próprio destino.

## IX. QUEREMOS A LIBERDADE DE TODOS OS PRISIONEIROS MANTIDOS INJUSTAMENTE NAS PRISÕES E ESTABELECI-

Queremos a abolição total e definitiva da censura, não só da oficial, mas de todas as censuras, exercidas pelos donos do poder econômico e, em consequência, dos veículos de comunicação de massa. Queremos, ao mesmo tempo, saber o que está acontecendo e ter meios de expressar e comunicar o nosso próprio pensamento. Queremos arrancar as mordaças. Queremos deixar de ser meros objetos de manipulação para ser sujeitos de nosso próprio destino.

MENTOS PENITENCIÁRIOS. QUEREMOS QUE TODOS OS PERSEGUIDOS SEJAM DEVOLVIDOS À COMUNIDADE.

A anistia necessária deve ser, de fato, ampla, geral e irrestrita – e não só para os prisioneiros políticos, mas para todos os prisioneiros, porque os piores criminosos estão soltos, abençoados pelo Sistema e cobertos de ouro. A mais elementar Justiça exige, diante dessa situação concreta, que se abram os portões das prisões e que nossos semelhantes encarcerados sejam devolvidos à luz do sol. Uma sociedade injusta, estúpida e doente, como a nossa, não tem o menor direito de manter presos alguns de seus membros. E muito menos o de torturá-los e matá-los, como acontece.

X. QUEREMOS UM PLANETA LIVRE. UMA TERRA LIVRE. COMIDA, TETO, ROUPAS PARA TODOS. QUEREMOS UMA ARTE LIVRE, CULTURA LIVRE, MEIOS DE COMUNICAÇÃO LIVRES. TECNOLOGIA EDUCAÇÃO, ASSISTÊNCIA MÉDICA PARA TODOS. CORPOS LIVRES, PESSOAS LIVRES. TEMPO E ESPAÇO – LIVRES. TUDO LIVRE. PARA TODOS.

Tenho dito.

**[Glauber] Maciel, o partido já tem nome? Como vai ser a transação, a organização da coisa?**

O partido não tem nome ainda. Parece que no momento atual as pessoas se preocupam muito com o nome das coisas, com o rótulo das coisas. Mas como diz a filosofia zen, o dedo que aponta a lua não é a lua. A lua é a lua. O dedo apenas aponta para ela. O importante não é o dedo, é a lua. O importante são as ideias. Essas ideias podem parecer talvez para alguns, vamos dizer assim talvez utópicas, ingênuas, românticas. Ou qualquer coisa assim. Mas esse núcleo fundamental do ser humano é que nos cabe defender, além de todas as distinções ideológicas que tem aparecido no mundo moderno. Eu acho que nós devemos voltar às raízes, à essência. Esse programa, esse manifesto que eu fiz é uma tentativa de ir à essência do que nós precisamos para uma vida comunitária livre, saudável, criativa.

[Glauber] Eu acho que a proposta de Maciel coloca realmente uma discussão em aberto que rompe com as siglas que estão surgindo para realmente criar uma perspectiva nova para o Brasil para o ano 2000. Porque a minha geração, a geração do Maciel e de outras pessoas no Brasil, nós tínhamos 20 anos quando o Sr. João Goulart caiu e nós herdamos erros políticos cometidos por gerações antecedentes. De forma que a minha geração neste momento de abertura política está lançando também um partido novo. De forma que é abertura, estamos abertos e quem quiser nos procure porque estamos querendo aí transar um Brasil livre para o ano 2000. E a Terra também. Muito obrigado e boa noite.

Também quero
ser entrevistado!

ENTREVISTA PARA O PASQUIM

# Também quero
# ser entrevistado!

ENTREVISTA PARA O PASQUIM

Originalmente publicada na edição
100 do *Pasquim*, em 1979.

Não existe, segundo tenho observado, melhor maneira de escrever do que simplesmente abrir o coração na folha em branco de papel. Outras maneiras há de ser mais corretas ou mais belas, na medida de nossas variadas capacidades e diferentes talentos, mas abrir o coração, simplesmente, é sempre o caminho mais curto para outro coração, o do leitor, por exemplo.

Não encontrei, por mais que esquadrinhasse minha mente confusa e lenta, outra maneira mais condigna de comemorar os quinhentos números do Pasquim do que abrir meu próprio coração – e, por isso, confesso meu sonho secreto. Ei-lo: sempre quis dar uma entrevista para o Pasquim, ser um de seus entrevistados, o que sempre considerei incomparavelmente mais charmoso do que ser, apenas, um de seus reles colaboradores.

Sim: porque ser um de seus reles colaboradores, isso já fui, e até sou – fui, desde o seu primeiro número, por uma dessas circunstâncias misteriosas com que a vida nos surpreende a cada passo; e o sou, por outra, ou outras, dessas mesmas circunstâncias, tão ou mais, mas sempre misteriosas, com que a vida nos surpreende, etc.

Para encurtar: escrever para o Pasquim, tenho-o feito, por mais largos ou profundos tenham sido os hiatos sofridos nessa atividade. Agora, entrevistado... Ah, amigos, ao o buraco é, como se diz, mais embaixo, e, até hoje, dez anos depois, ninguém – aliás, nem o Pasquim, nem em nenhum outro lugar – ninguém se lembrou de mim. Mas dez anos, quinhentos números – aí esta uma carga de existência, quero dizer: experiência; quero dizer: variadas loucuras; quero dizer: absoluta confusão incompreensível; que nos permite qualquer audácia, tudo mesmo, como se Deus, por exemplo, nem sequer existisse.

Por isso, decidi: quero ser entrevistado do Pasquim – e o serei agora, de qualquer maneira, ou vai ou racha, seja o que Deus quiser.

Com vocês, portanto, nosso entrevistado desta semana: o Maciel, nada mais.

**Quem é você, afinal de contas, para ser entrevistado aqui no Pasquim?**

Ninguém. Aliás, nem sequer sei que diabo estou fazendo aqui – e quando digo "aqui", quero dizer o Pasquim, o Brasil, o planeta Terra, o Universo conhecido, ou qualquer que seja o chão ou o horizonte, geral ou particular, que estejamos tomando por referência. Simplesmente, não sei – o que significa que não sei quem sou, como – admito – não sei de onde venho nem para onde vou. Não sei quem sou como – desconfio, mas não afirmo, para evitar discussões cansativas – todo mundo. Alguns acham que sabem o que são, o que não acredito, mas não contesto, desde

O natural é não se querer nada
da vida, pois nada, na vida, nos
autoriza a desejar qualquer coisa – a
não ser, é claro, a nossa desvairada
imaginação. Tenho parecido, no
correr dos anos, ser várias coisas,
umas e outras – imagino – mas não
consigo, por mais sério, responsável
ou respeitável que queira ser – ou
parecer ser, o que no fundo é a
mesma coisa –, aceitar que eu seja
isso ou aquilo, tanto faz, e, por
conseguinte, pretender alguma coisa
da vida, ou mesmo da morte.

que não quero me meter na vida de ninguém. Meto-me na minha: não sei quem sou. Digamos, portanto: ninguém.

**O que pretende da vida?**

Nada. Naturalmente. O natural é não se querer nada da vida, pois nada, na vida, nos autoriza a desejar qualquer coisa – a não ser, é claro, a nossa desvairada imaginação. Tenho parecido, no correr dos anos, ser várias coisas, umas e outras – imagino – mas não consigo, por mais sério, responsável ou respeitável que queira ser – ou parecer ser, o que no fundo é a mesma coisa –, aceitar que eu seja isso ou aquilo, tanto faz, e, por conseguinte, pretender alguma coisa da vida, ou mesmo da morte, posto que a maioria dos que desistem da vida, simplesmente não desistem *tout court*, porque ainda esperam alguma coisa da morte. Em sendo ninguém, nada espero da vida – o que é, no mínimo, lógico. Nem da vida, nem da morte.

**O que você tem para dizer para alguém por quem você daria a vida há tempos atrás e que te aparece hoje, na sua frente, como um ser estranho?**

Que as coisas são assim mesmo, o que nos torna – a todos – irmãos. Cada um de nós é, sempre, para si mesmo, um ser estranho e, portanto, não admira que o sejamos um para o outro, quer estejamos, num determinado momento, dispostos a morrer por ele ou não. Estamos dispostos a morrer por nós próprios, simplesmente porque não temos outro jeito, e daí estamos, num momento ou outro, dispostos a morrer pelo outro, como uma extensão de nós próprios. Mas acabamos por desconhecê--lo, mais cedo ou mais tarde, porque, mais uma vez, é isso que acontece em relação a nós mesmos.

**Esta resposta não está muito complicada?**

Claro que está. O simples é não pensar, não estar atrás de explicações. Isto é: viver, sem mais nem menos, sofrer a dor do jeito e de onde ela vier e lamber o açúcar onde ele estiver, e pronto. Perguntar é querer explicações, daí fica-se necessariamente complicado. É nossa especialidade: assim somos nós, os intelectuais: complicados.

**Os astros continuam debaixo de sua cama?**

Todos, ou quase todos, porque há exceções como o Francisco Cuoco que não mora nem embaixo da minha cama, nem em cima, pois prefiro outros, mas secretos, embaixo, e ainda outros, mais doces, em cima. Escolho meus astros com cuidado, já que há tantos, e podemos escolher. Na verdade, não tenho preferências por gêneros: estrelas, planetas, satélites, meros meteoros, curto todos, pois todos estão no céu – e o céu é nosso pai e, além disso, nosso macho eterno que nos alimenta e fertiliza, com seu sêmen ininterrupto. Eu próprio, modéstia à parte, sinto-me um astro, ainda que ninguém note meus discretos raios fúlgidos. Cf. Aleister Crowley, bruxo da pesada (ainda que Raul Seixas, desiludido, diga o contrário que afirmou: "Todo homem e toda a mulher é uma estrela"). I'm a star, myself, se é que vocês me entendem.

**Você acha que os comunas, os homossexuais e os pentecostais são os responsáveis pelo status quo?**

Acho. Quem mais seria?

**Não brinque. Esta entrevista é séria.**

Quem mais seria? Aos comunas, homossexuais e pentecostais, chamo, por puro vício, fascitas, heterossexuais e materialistas dialéticos. É a mesma turma. Conforme pode-se facilmente concluir, não ser comuna nem fascista, não ser homo nem heterossexual, não ser pentecostal nem materialista dialético, etc, é ser ninguém – o que, aliás, é o meu caso – porque, para ser alguém, estamos permanentemente sendo obrigados a ser alguma coisa. Ergo: o status quo somos nós, enquanto quisermos, pelo menos.

**Em seu artigo pro Pasquim nº 8, de agosto de 1969, sob o título "A revolução do Sexo", você cita aqueles anúncios de casais à procura de Swing, isto é, de casais à procura de Swing. Você já sabia disso há nove anos. Qual era tua fonte de informação, bicho?**

Não gosto de lembrar esse artigo em particular, porque ele acabou me dando muito trabalho – aliás, a mim e ao Marat. Fui processado pelas autoridades competentes, e enquadrado na Lei da Imprensa. Não foi tão mau assim, porque nem me meteram em cana nem nada, mas sujaram minha ficha, me botaram naquele Fórum lá no Palácio da Justiça, fizeram uma pasta dos chamados autores e incomodaram minha vida durante meses, tudo isso só porque contei, num único artigo, o que estava acontecendo – não aqui, e eis minhas fontes – nos Estados Unidos. Veja só: isso é de desanimar qualquer um que queira atualizar este País, porque a chateação é demais. Meu pecado foi saber ler inglês e ter lido, na época, há nove anos, algumas revistas americanas. Por isso é que declaro hoje: eu não sei nem ler, quanto mais inglês.

**E a Patrulha Odara?**

Faço parte.

**Quer dizer que tu tá, agora, na da discoteca?**

Acho discoteca um saco, embora tenha ido ao Dancin' Days do Nelsinho e gostado, proque encontrei lá muitos amigos meus – e amigos de longa data. Mas música de discoteca é a corrupção do rock dos sessenta, uma música feita para surdos e insensíveis de espírito e, principalmente, de corpo, porque ninguém com um mínimo de saúde no corpo precisa daquele esporro todo para simplesmente dançar – que é uma coisa que todo mundo, inclusive as mais altas autoridades, deveria fazer todos os dias, de preferência pela manhã, ao acordar. Discoteca significa: diluição, esvaziamento do despertar revolucionário dos anos sessenta, submissão ao sistema, engodo, veneno em pílula dourada, equívoco.

**Você foi o cara que mais curtiu o underground. Você poderia explicar para esta nova juventude o que foi ou o que é o underground?**

Não. Cada um por si. Deus por todos.

**Acabou a paixão pelo jornalismo? Quer dizer: você hoje ainda tem entusiasmo, saco e vanzetti, para encarar uma aventura tipo Rolling Stone, Pasquim, Movimento, etc., na cozinha do jornal?**

Para mim, ter saco para aventura é fácil. O difícil é ter saco para as seguranças do mundo organizado. Em certas circunstâncias, não há jeito: encaro, assumo, desempenho. Não me engano, porque não me tapeiam assim tão facilmente, mas desempenho, porque ter saco, paciência, aceitação da vontade divina, tolerante compreensão em face do real e seus descaminhos, e assimilar as necessidades tais como se apresentam e introjetá-las, é ser livre, isto é, reconhecer a outra face, escura, da liberdade. Mas para a aventura, em cozinha de jornal ou em qualquer outro lugar ou atividade, tenho não só saco, mas verdadeiro prazer, alegria, felicidade, em estar vivo. Em outras palavras: estamos aí, irmãos, para o que der e vier – mas para ir na boa, sou um lateral que aprendeu a subir só para fazer gol, estou disposto a avançar, mas não estou mais a fim que me encestem com as velhas facilidades, tou sabendo que em rio de piranha jacaré nada de costas; estas coisas, sacou?

**O que foi de melhor que você curtiu no Pasquim quando era na Clarisse Índio do Brasil?**

Tudo. Mas, principalmente, a nossa loucura da época: a vontade de mudar, criar, inventar, viver. Minha mesma loucura de agora e de sempre.

A vida é agora

POR HELENA SALEM

# A vida é agora

POR HELENA SALEM

Originalmente publicada no *Folhetim*
da *Folha de S. Paulo,* em
28 de dezembro de 1980

**Todas as gerações criam seus ídolos e especialmente seus mitos. Que fim levaram os mitos e sonhos de sua geração? Sobrou algum?**

Bem, dos Beatles, só morreu o John Lennon. É verdade que ele era o mais interessante, embora eu também goste muito do George Harrison. Mas o Lennon, parece-me, era quem formulava a visão dos Beatles, quem olhava as coisas mais a fundo. Nenhum dos outros três tinha a visão crítica dele, aquela insatisfação, aquela capacidade de estar sempre questionando as coisas e procurando cada vez mais.

Não foi à toa que ele disse que "o sonho acabou", depois de ter sido quem mais impulsionou o sonho. Aliás, antes de morrer, ele já estava também retomando o sonho, de outra maneira, é lógico. Ele vivia buscando, não só na música popular, mas na própria cultura do século XX. E nisso ele foi excepcional, não há nenhum como ele. Lennon passou por tudo: começou na visão juvenil dos Beatles, depois passou para a contracultura, misticismo, drogas, enveredou pela política, até chegar a uma tradução doméstica-familiar da questão de estar vivo no século XX. Lennon era mutante, dinâmico, via claro, e acho que esse aspecto da personalidade dele é o principal marco de sua geração. Uma geração que rompeu muito com os valores, e que hoje procura ver o que tinha de bom no passado também. Uma geração que, ao amadurecer, não permaneceu apegada à mera negação.

Segundo disse a Yoko Ono, o último disco de John fala de coisas antigas também, como a família, a casa, filhos, etc. Ele já estava com 40 anos, já tinha ido muito para a rua, vivia por isso em outro estágio. Ninguém pode ser adolescente a vida toda. A visão juvenil é muito rica, devido à sua liberdade. Mas John Lennon não ficava aí. Inclusive, em sua última entrevista, ele goza o Mick Jagger, até hoje um adolescente. Lennon, ao contrário, foi amadurecendo, sem perder aquela liberdade de visão, mas também sem apego ao passado. E ele foi criativo em sua vida particular, era um cara que experimentava as coisas, ao invés de fica batendo papo sobre "o lado feminino do homem". Ele vivia as coisas na prática.

**Você considera que, em cada geração, há uma tendência para destruir os valores e mitos das gerações anteriores, criando novos valores e mitos?**

Acho que isso é natural. É uma exigência do próprio processo vital de renovação, porque a verdadeira vida é instantânea, aqui e agora. O ser humano, necessitando sempre de se sentir seguro, vai criando instituições e estruturas estratificadas, que aos poucos se tornam rígidas, mortais. A contestação aparece então como um processo vital. E é a juventude que se encarrega disso, ela que está vivendo o novo. Mas isso não significa que a visão juvenil deva ser a definitiva, porque seria também estratifica-la. É necessário uma interação dialética entre esta visão e os valores do passado. O momento de negação, no entanto, é inevitável.

**O pensamento oriental, que inspirou a juventude no fim da década de 60 e durante os anos 70, continua tendo influência até hoje?**

Sem dúvida, mas vem sendo assimilado nos termos ocidentais, adaptado à nossa realidade. John Lennon, por exemplo, expressa muito bem isso. Tem um LP dele no qual afirma não acredita mais em I Ching, etc., mas a verdade é que a sua visão de mundo permaneceu com muito daquele pensamento oriental, a visão monista etc. Na realidade, esse pensamento foi despido do aparato mitológico do orientalismo. Daí que, talvez, na aparência externa, o pensamento oriental não tenha mais influência, mas as verdades por ele tocadas continuam influentes. A própria visão da realidade como um produto de jogos mentais. Depois de toda a sua fase política, Lennon coloca essa visão de jogos, no LP "Mind Games", que é uma visão oriental. Quem ficou mais apegado à mitologia oriental foi o George Harrison.

**Atualmente, está difícil alimentar e conservar algum sonho, alguma utopia?**

Tão difícil quanto sempre. Mas isso é sempre necessário, diria inevitável. Porque tudo é mental. Mesmo quando aparentemente achamos que não há sonho, apenas realidade, o fato é que aquela realidade é também originada de sonhos. Todos os nossos valores de hoje foram sonhados por sonhadores do passado. Quando duas pessoas tem o mesmo sonho, já é uma realidade. Na verdade, é a fantasia da mente que cria a realidade. E quando a realidade consegue a adesão mental de muita gente, parece que ela é indiscutível, imutável. Então, surge a necessidade de novos sonhos, outras fantasias – um processo

Quando duas pessoas tem o mesmo sonho, já é uma realidade. Na verdade, é a fantasia da mente que cria a realidade. E quando a realidade consegue a adesão mental de muita gente, parece que ela é indiscutível, imutável. Então, surge a necessidade de novos sonhos, outras fantasias – um processo inevitável.

inevitável. Como diz o John Lennon a esse respeito: "Uma dupla fantasia já é realidade".

**Você é da opinião de que o homem tende a se robotizar cada vez mais?**

Não acho que o homem tende a se robotizar. Há muitos homens que se robotizam e vão se robotizando cada vez mais. Mas não a humanidade enquanto espécie. Na medida em que a maioria das pessoas se submete a esse processo, parece que são todos. Trata-se, também de um exemplo de aparente realidade, de um sonho. Isso não é verdade, porém. Porque outros sonhos são inevitáveis, além desse sonho da cibernética, da robotização.

**O que aconteceu com a sua geração e com você mesmo? Conte--nos um pouco a sua história pessoal.**

Não sei. Acho, por exemplo, que a experiência do John Lennon é muito significativa de minha geração. No Brasil, um cara que encarna bem essa experiência é o Caetano Veloso. Aliás, ele próprio falou que tinha uma identificação muito grande com o Lennon. Eles são os médiuns de um espírito de geração, de tal forma que a experiência inteira que eles atravessaram é muito típica das gerações de sua época. No fundamental, a minha experiência pessoal é muito semelhante a deles. Vivemos todos um momento libertário, de rompimento com uma realidade que parecia inalterável. A gente viveu a negação, depois precisou viver, encontrar um equilíbrio, já quando estávamos lá pelos 30 anos. Não sei como se desenvolveria a vida do John Lennon se não tivesse morrido, assim como não sei como se desenvolverá a minha vida. Tudo está sempre recomeçando diante da gente.

Hoje, a minha geração procura um equilíbrio. Nos anos 70, sobretudo a segunda metade, verificou-se uma retração. John Lennon, por exemplo, fechou-se em casa. Mas acho que essa retração não vai continuar, inclusive o aparecimento do último disco do Lennon, depois de cinco anos, talvez seja um reflexo disso. É possível que nosso sonho libertário dos anos 60 se torne realidade em 80. Acho que a gente vai experimentar um novo processo de explosão, de rompimento, mas não como naquela época, de contestação agoniada, desesperada, porque muito juvenil.

Ver com olhos livres

POR MARCOS PETRILLO E WASHINGTON LUIZ

# Ver com olhos livres

POR MARCOS PETRILLO E WASHINGTON LUIZ

Originalmente publicada na revista
*Bizzu*, de Juiz de Fora, em 1982.

**Para início de conversa, já que você acordou agora, conte para nós o que você sonhou. Fala pra gente este papo que você um profeta e como tal, como você está vendo todas estas coisas que andam pintando tipo cultura oriental, e também da nossa cultura ocidental. Ou se você preferir, fale da caipirinha que você tomou ontem.**

[Risos] É engraçado esse negócio de profeta porque eu não sei se sou ou não profeta, ou se tem outro tipo de profeta. Mas tem um tipo de gente que os outros dizem que é profeta e não necessariamente veem alguma coisa antes, eles estão vendo o que está acontecendo. O momento, o aqui. Mas como eles estão vendo com menos preconceitos, estão vendo com a visão mais desarmada... Ser profeta não é uma questão de inventar uma luneta para o futuro, é o contrário, é você tirar. Quanto mais livre fica a visão, quanto mais despojado você enxergar o aqui, agora, você enxerga de uma maneira limpa...

**Seria uma visão mágica...**

Não, uma visão natural. A visão mágica é a visão da maioria das pessoas que inventam tantas complicações, tantos conceitos e tantos instrumentos para enxergar que a delas sim deve ser chamada de mágica. Um analista econômico sociológico, os que estudam as correntes psicossociais e estas coisas todas, eles estão fazendo coisas mágicas, porque para a visão deles estão usando uma instrumentação conceitual e teórica muito grande estão interpretando tudo que vêem a partir desta instrumentação. Quanto maior for esta instrumentação, mais prestígio ela tem no mundo, mais prestígio ela tem na organização da sociedade. Quer dizer, você pega um nobre ignorante que só vê as coisas diretamente, ninguém dá bola para o que ele vê. Se você pega um cientista que passou anos treinando sua visão para ver assim ou assado, é respeitado. Enfim, é a tarefa das universidades, não é, adotar as pessoas que possuem esses equipamentos todos de visão. Isto é mágico.

**O que você acha da universidade?**

A universidade é isso, ela dá meios mágicos para os estudantes. E magia negra geralmente [risos]. O profeta não tem meios mágicos nem de magia negra nem branca. Ele vê diretamente, ele vê inocentemente. Ele vê como uma criança.

**Desta forma, você vê a universidade como alguma coisa prejudicial para a nossa sociedade, para o nosso mundo?**

Da maneira como ela é organizada em nosso mundo é evidentemente prejudicial, porque ela deforma a visão das pessoas com tecnicismos especializados. Por exemplo, você vai para a universidade e vai estuda o que? Vai estudar Direito, então a sua visão é toda deformada em função do Direito. Vai estudar Engenharia, sua visão é deformada em função da Engenharia. Aquela mágica particular, aquele Direito ou Engenharia vai deformar a sua visão. Você passa a ver condicionado, linear em termos daquelas técnicas.

**Você fez universidade?**

Fiz.

**Qual curso?**

Filosofia. Eu fui deformado pela filosofia. Mas chega um certo momento da sua vida que é preciso libertar-se de qualquer forma ou de alguma forma. Para você ver diretamente, você tem que se libertar da formação que lhe impuserem, porque a formação que você teve sempre foi uma distorção da sua visão. A sua visão é deformada e passa a ser limitada. Então o processo universitário faz isto, ele para especializar a sua visão no aspecto da realidade a deforma. E você fica cego para ver o resto.

**Muita gente larga a universidade porque saca este processo linear que condiciona o aluno.**

Mas se a pessoa percebe isto, ela nem precisa largar a universidade. Se você sabe o que está acontecendo, você vai saber como transar o que é que estão tentando fazer de você. Você não deixa fazer. Aí você pode estudar Engenharia, Direito, Medicina, Filosofia como setores. Você vai lá e espia. Mas se você entra numa trip daquele negócio você vai ficar tão deformado quanto os professores. As universidades, as escolas primárias e secundárias deveriam ensinar de tudo: pregar botão, cozinhar e tudo o que se encontra no dia-a-dia.

**Maciel, você acha que o homem está em crise ou é a civilização?**

Quem fez a civilização? Não foi o homem? Como é que homem não em crise fazia uma civilização em crise?

**Quando se fala em Oriente e Ocidente, fica sempre uma dúvida:**

**quem estaria em suas evoluções: seria a milenar cultura oriental ou a mais jovem ocidental?**

O Oriente fica além de nós em certas coisas e nós além dele em outras. Os seres humanos são de diversos tipos, como são os pixes de vários tipos, os lugares da Terra são diferentes, os pássaros... O mundo é uma fonte secreta de energia que vai se manifestando de diferentes maneiras, novas e criativas, e no meio dessas coisas tem o ser humano que é este fenômeno consciente, porque ele é a consciência da fonte e por isso pode-se suspeitar que ele seja a própria fonte. Inclusive você pode suspeitar que não exista nem mares nem sol, nem estrelas nem galáxias, nem coisa nenhuma a não ser pela presença do ser humano. Isto porque é o ser humano que está verificando estas coisas. Já pensou se o universo não tivesse o ser humano e a sua consciência? Que importância, ou melhor, que significado teria ter o sol, estrelas, essas coisas todas? Nada teria. Seria uma coisa completamente indiferenciada, não iria significar coisa nenhuma. Só significa porque tema consciência do ser humano que vê isto. Alguns pensadores acham até que a própria mente do ser humano é que vomita essas para fora. Elas não existem fora.

**Seria como se tudo não passasse de fantasia?**

É isto, o pensamento oriental acha isto, o pensamento hindu principalmente. Tudo é Maia. A trilogia divina dos hindus é mais cósmica que a cristã que é mais para o homem: Deus deu o Pai, o Filho e o Espírito Santo. É mais uma trilogia em cima do homem, mais antropocêntrica.

**Você falou em trilogia cósmica. Como você vê a expansão cósmica do mundo ocidental?**

É uma tentativa do Ocidente de esgotar o mistério indo para fora. A tentativa oriental foi muito mais de esgotar o mistério indo para dentro. Mas os esforços são infinitos, tanto faz para dentro quanto para fora. Nós mesmos geramos este infinito: você olha para o céu, e aí começa a pesquisar o céu, a sua própria mente: na medida em que está pesquisando está abrindo este espaço cada vez maior.

**Mudando um pouco de assunto, a Ana Maria Bahiana disse há poucos dias que o Gil estava em crise, por causa desta mudança de pique que pintou com ele, tipo largar toda a sua banda e fazer shows sozinho: deixar aqueles grandes projetos um pouco de lado e transar mais o seu violão...**

A Ana Maria Bahiana acompanhou a evolução do Gil, não é? Então ela acha agora que, como o Gil não está fazendo uma coisa como ela acostumou a ver, ele está em crise. Foi falta de jogo de cintura dela. Ela não acompanhou o pique, ele foi mais adiante e vai mais ainda. Quando eu conheci o Gil na Bahia, ele estava no início da sua carreira, cantava na televisão baiana, parecia só com o violão e só tocava violão. Naquela época ele tocava mais bossa-nova, João Gilberto. Até imitava o João Gilberto e depois que apareceu os Beatles, começou a entre outros sons e seu estilo começou a se ampliar não é? Mas o João Gilberto é um artista fascinado com o que Caetano chamaria de "estética Jóia", enquanto o que aconteceu nesta geração foi uma "estética qualquer coisa": em vez de seguir o caminho de João Gilberto, que era a estética jóia, aquela depuração, eram moços na época de Gil, Caetano, que começaram a partir para uma estética qualquer coisa, aceitar tudo que estivesse acontecendo. Eram artistas baianos ligados à terra, às tradições, às raízes brasileiras, e de repente chocaram todo mundo porque começaram a cantar com guitarra elétrica, começaram a cantar com os Beat Boys, que era um grupo de rock argentino, e com o Mutantes, que eram uns garotos de São Paulo que cantavam rock também. Então eles adotaram a estética qualquer coisa, o que estivesse acontecendo deveria ser assimilado num procedimento antropofágico, modernista.

Oswald de Andrade. Daí houve toda uma ligação do tropicalismo no início com o teatro de o Zé Celso faz, com a encenação do *Rei da Vela*. Os filmes que o Glauber fez na época, *Terra em Transe*, era tudo uma estética qualquer coisa. Era a estética de artistas de países subdesenvolvidos que procuravam devorar tudo que tivesse e criar uma nova expressão. E o Gil fez isso: a carreira do Gil passou por vários estágios. Sempre dentro dessa estética do qualquer coisa. Agora, digamos, num certo ponto o Gil deve ter sentido naturalmente a necessidade de voltar às origens, depois de todas as experiências, como é que fica a minha esteticazinha joia de pegar o violão e cantar direito, que é mais simples, nada mais simples do que João Gilberto, nada mais simples só que perfeito. João Gilberto dispensa bateria, baixo, guitarra, etc., porque ele acha que nem vai encontrar, ele precisaria de outro João Gilberto na bateria, outro na guitarra, outro no teclado. Então ele faz sozinho...

# A contracultura
# e os estados de consciência

DEPOIMENTO

# A contracultura
# e os estados de consciência

DEPOIMENTO

Depoimento realizado em 7 de novembro de 1983, no debate "Maconha", organizado pelo coletivo Maria Sabina. Publicado no livro Maconha, Brasiliense, 1984.

Eu queria começar falando de macumba. Estive num terreiro de umbanda para ver como era aquele processo de baixar santo, aquelas coisas, e uma frase eu guardei em relação a uma entidade chamada Exu, que era assim: "Marafo é o curiador de Exu". Marafo é uma coisa simples de entender. Marafo é simplesmente cachaça. Exu é essa entidade que baixa, ou seja, é um estado psíquico mais particular, mais especial que domina o médium naquele momento. E curiador, o que será? Essa palavra é uma palavra que só tem uso, eu acho, na umbanda, e o que eu entendi é que o curiador é exatamente aquele elemento que mantém o estado de consciência chamado Exu. Quer dizer, o médium toma cachaça, o seu estado de consciência se modifica e o Exu se manifesta. O que ficou claríssimo aqui é que existem diferentes estados de consciência. O ser humano tem uma capacidade natural de experimentar n estados de consciência, um número absolutamente indeterminado, é impossível catalogar todos os tipos de consciência que o ser humano pode experimentar, e esses estados de consciência são ligados a coisas que se ingere, a coisas que se bota para dentro do corpo. Isso não precisa ser necessariamente uma droga violenta e nociva como o álcool, mas tudo que se ingere pode ser considerado como alterador da consciência. Se você passar a comer só arroz integral, o seu estado de consciência vai necessariamente mudar, você vai ter outro estado de consciência. Se você for fazer ioga e desenvolver sua capacidade respiratória – parar de fumar, que diminui a capacidade do pulmão – essa maior quantidade de ar que você vai botar pra dentro do seu corpo vai, automaticamente, mudar o seu estado de consciência. É o estado de consciência dos iogues. Então, isso é uma verdade dificilmente discutida, hoje já se pode dizer que corpo e mente são uma coisa só. Pode-se admitir, no máximo, que corpo e mente sejam dois aspectos de uma coisa só, mas tanto são uma coisa só que certos estados psicológicos são somatizados e modificam o corpo. E, da mesma maneira, alterações no corpo também vão modificar a mente. A medicina psicossomática vive disso, sobre essa verdade.

O estado de consciência, ou os estados de consciência prevalescentes numa determinada cultura vão caracterizar essa cultura, de uma maneira ou de outra. Como os curiadores modificam o estado de consciência, nós podemos chegar à conclusão de que existem, nas diferentes culturas, os seus curiadores culturais, quer dizer, aquelas coisas que as pessoas têm o hábito de fazer, e que vão colocar sua consciência num determinado estado que é oficial, é privilegiado dentro daquela cultura. Há uma tendência dessa cultura de preservação, uma dinâmica própria de se manter, que vai procurar então que todos os membros daquela sociedade tenham o estado de consciência semelhante.

A nossa cultura, a cultura ocidental, é caracterizada por um estado de consciência particular, um entre vários outros, e não significa necessariamente que seja a normalidade do ser humano, porque esta normalidade filosoficamente seria impossível de ser definida, tal a variedade desses estados de consciência e tal a capacidade da mente de percorrer diferentes estados de consciência, até sem curiadores, num movimento espontâneo, porque a mente é eternamente dinâmica. De forma que a nossa cultura tem um estado de consciência particular, unzinho só entre os possíveis, que não foram os que aconteceram nas outras culturas, que se caracteriza por elementos positivos, mas tem elementos profundamente negativos.

É uma cultura racionalista, discursiva, intelectualista e agressiva, violenta, competitiva e numa palavra, pra resumir tudo, egocêntrica. É uma cultura que privilegia um estado de consciência em que o ego individual tem uma importância fundamental, tudo deve ser feito em função desse ego, tudo deve ser feito em função da valorização desse ego. É a sede desse ego de se valorizar, de se inflar, que leva a essa agressividade, essa competividade e essa violência que caracterizam a nossa cultura.

Nos anos 60 aparece, principalmente na juventude do mundo ocidental, um movimento que se chamou contracultura, os hippies, essas coisas todas, cuja descoberta fundamental foi simplesmente a seguinte: de que o estado de consciência prevalecente em nossa cultura não era absoluto nem obrigatório. Claro que a função da educação é fundamentalmente nos convencer desde pequenininhos que este estado de consciência e os valores que ele envolve são definitivos, são a normalidade do ser humano, que o ser humano é assim e não pode ser assado de jeito nenhum, apesar de todas as guerras e doenças e neuroses e violência que são decorrentes de uma cultura centrada nesse estado de consciência. Pode existir todo o horror de que nós temos conhecimento diariamente através dos jornais, mas não

Nos anos 60 aparece, principalmente na juventude do mundo ocidental, um movimento que se chamou contracultura, os hippies, essas coisas todas, cuja descoberta fundamental foi simplesmente a seguinte: de que o estado de consciência prevalecente em nossa cultura não era absoluto nem obrigatório.

podemos escapar desse horror porque o estado de consciência que nós vivemos é o definitivo, o que Deus quis, é por decreto divino que nós supostamente devemos viver.

A descoberta da juventude, de que havia outros estados de consciência, possibilitou uma nova perspectiva cultural, quer dizer, ficou claro que com outros estados de consciência pode-se criar uma cultura diferente. Então, se por um lado, por exemplo, este outro estado de consciência não tiver os mesmos poderes de racionalidade, intelectualização e discurso do que o estado de consciência da nossa cultura tem, em compensação ele poderá oferecer uma sensibilidade maior para outros valores. Valores sensoriais, valores de sentido, audição, visão, gosto, tato, valores da fantasia, da imaginação, da criatividade, valores artísticos. Isso aconteceu com a contracultura, até que ela foi sufocada porque simplesmente a cultura estabelecida não pode permitir ser posta em questão, no sentido de que ela não seja absoluta, não seja a única.

Antes de mais nada, quem fez a contracultura foram as próprias condições deploráveis do nosso mundo, da nossa sociedade e da nossa cultura. Foi o próprio fato de depois de séculos dessa cultura que, por ser agressiva, competitiva e violenta, e também extremamente pretensiosa, se julga a coisa mais incrível e mais fantástica que o ser humano já fez. O próprio fato da nossa cultura ter chegado a um ponto de sufoco e de asfixia fez com que as novas gerações nos anos 60 tivessem uma espécie de reação natural, espontânea. Tiveram que fabricar de alguma maneira um antídoto natural para esse veneno todo. Essa foi a primeira coisa que deflagrou, mas não se pode negar que, acompanhando esse processo, houve a presença das drogas chamadas alucinógenas, ou alucinogênicas, e que constituem então uma espécie de curiador dessa nova cultura.

Não era necessário que uma pessoa fumasse maconha para viver aqueles valores novos que estavam sendo agitados. Mas não havia dúvida de que o estado de consciência propiciado pela maconha era um estado de consciência que envolvia uma sensibilidade para esses novos valores, de preferência aos valores convencionais da nossa cultura. Eu acho que é muito importante se colocar essa questão psicológica, essa questão da mudança de estado de consciência, porque ela é mais determinante do que os pensamentos racionais e discursivos que se possam ter sobre a realidade. Quer dizer, eu posso ter um pensamento racional e discursivo de que a nossa sociedade é assim, está muito bem assim, o capitalismo é ótimo e não há outra maneira de o ser humano funcionar senão a maneira capitalista, tudo isso raciocinado e pensado, ou posso raciocinar e pensar que não é nada disso, que o capitalismo é um horror, que é uma coisa feita de exploração de uns sobre os outros, e que então é preciso fazer uma revolução, mudar a sociedade, instalar algum tipo de socialismo, tudo isso racionalizado e pensado.

O que foi descoberto pela juventude de classe média do Ocidente nos anos 60 é que esses dois pensamentos são mais parecidos entre si do que eles se julgam, porque são pensamentos discursivos, não envolvem outro estado de consciência que possibilite uma sensibilidade diferente da realidade, uma maneira realmente diferente de aprender a realidade e de se comportar em relação a ela. As características da nossa cultura, de que o mundo, por exemplo, é um artefato de objetos, pronto e completamente matematizável, racionalizável, que se pode aprender qual é o mecanismo dele e depois manipular esse mecanismo ao bel-prazer, essa ideia pertence tanto aos conservadores quando aos revolucionários, tanto à esquerda quanto à direita. Agora, existe um outro estado de consciência que nos revela claramente que o mundo não é objeto nenhum, que o mundo é uma experiência imediata, que a aparência do objeto só se dá na nossa mente porque nós articulamos os diferentes momentos dessa experiência imediata numa série articulada qualquer, uma historinha, o que dá ilusão de que existe esse objeto, esse artefato. Nós vivemos todos os dias nesta alucinação – porque está é uma verdadeira alucinação – de que esse objeto existe e não é apenas uma soma mental de experiências instantâneas. Então, estar neste outro estado de consciência leva a um conhecimento da realidade que não tem nada a ver com os discursos racionais, de esquerda ou direita, conservadores ou revolucionários. É um conhecimento. Não é um conhecimento do mesmo tipo do conhecimento discursivo, mas é um conhecimento, uma consciência que você tem da realidade, é uma relação que você tem com a realidade, uma maneira de agir com esta realidade. Talvez não seja uma maneira tão eficiente no sentido de fabricar foguete para a Lua, de fazer bomba atômica, misseis, Exocets e submarinos nucleares. Talvez você não faça isso, mas o que o ser humano pode pretender nesta curta vida? É fazer bomba atômica, voar até a Lua ou encontrar a sua felicidade natural?

Uma outra maneira de ver, perceber a realidade, pode conduzir o ser humano a essa felicidade natural que é o verdadeiro objetivo, e à qual nem foguetes nem bombas atômicas nos levarão. Estou dizendo que essa certa maneira de ver a vida, que é a maneira da nossa cultura, da nossa civilização, é estabelecida por um determinado estado de consciência, e que se há outros estados de consciência você constrói uma cultura diferente, uma civilização diferente. Que nós somos acostumados pela nossa educação, pelo sistema educacional todo, pelos familiares, pelas estruturas da nossa sociedade, a achar que a nossa cultura é a "bamba", que a maneira como ela funciona é que é legal, é a que Deus quis. Isso é uma arbitrariedade mantida inclusive à força policial em certos casos, como no caso desse curiador cultural, que é a maconha. O álcool, apesar de ser tão nocivo, ser tão horroroso, tem seu consumo estimulado em nossa sociedade. Porque é uma droga egocêntrica, é uma droga competitiva, é uma droga que o estado de consciência que ela induz corrobora os valores estabelecidos da nossa cultura. Enquanto que a maconha induz a um estado de consciência cujos valores são negados por essa cultura. Quer dizer, não interessa a essa cultura, vai atrapalhar a historinha que ela está fazendo.

Timothy Leary ficou conhecido lá nos EUA como papa do LSD, porque ele era um psicólogo da Universidade de Harvard, descobriu uma droga alucinógena, fortíssima, sintetizada quimicamente, que é o LSD, se interessou, pesquisou sobre isso e passou a ser um apóstolo da coisa, exatamente por seu poder de alterar a consciência e fornecer uma nova maneira de ver as coisas.

Pois bem, Timothy Leary foi perseguido pela polícia americana, até que conseguiram pegar o Leary com uma trouxinha de maconha e botaram ele em cana, numa penitenciária. A mulher do Leary na época, Rosemary, começou a batalhar para ver se tirava o Leary da cadeia. Entrou em contato com os Weathermen, que era um grupo de esquerda clandestino, revolucionário, que havia nos EUA, formado todo por garotada de classe média. Todos eram antigos ativistas estudantis, que caíram na clandestinidade e criaram os Weathermen. Então eles fizeram um plano de fuga para o Leary, que executado foi bem-sucedido – no seu livro ele conta como é que foi essa fuga –, e ele fugiu da cadeia, ficou escondido, tinha que sair do país, aí ele queria ver se fugia pela fronteira com o México, que é o que sempre fazem lá, mas os Weatherman disseram assim para ele: "Não, você vai pegar um avião, vamos disfarça-lo, vamos tirar documentos falsos para você, tirar passaporte, tudo isso, e você vai para a Argélia, porque vai ficar com nosso companheiro Eldridge Cleaver e os Panteras Negras, que estão exilados lá na Argélia". Timothy Leary se disfarçou todo, pegou os documentos falsos, apanhou o avião e foi para a Argélia. Quando chegou lá foi instalado pelos Panteras Negras numa casa e foi recebido muito bem pelo Cleaver, tudo porque era aquele negócio, a fraternidade dos revolucionários, dos que estão contra o sistema. Todos se irmanam. Muito bem, vocês sabem o que aconteceu? Em questão de uma semana o Cleaver e os Panteras Negras, primeiro lugar: apreenderam toda a maconha que o Leary estava levando com ele. Segundo lugar: prenderam o Leary na casa em que ele estava. Cleaver botou os Panteras Negras armados de metralhadoras e o Leary ficou confinado lá dentro, e explicou: "Não posso, esse homem é muito louco, desde que ele chegou aqui – isto é um quartel revolucionário – ele transformou isto numa festa permanente. É uma farra todo dia, chega um monte de hippies todos coloridos, tocam violão, ficam pintando as paredes, começaram a fazer festa".

Quer dizer, o Cleaver era um revolucionário, mas um revolucionário ao antigo estilo, o estado de consciência dele era tão contraído quanto, exagerando um pouco, o de Ronald Reagan, por exemplo. Para ele, a realidade era uma coisa séria, para ele a revolução era uma questão de armas, de dar tiros, saía com uma metralhadora dando tiros, isso igualzinho os soldados do Ronald Reagan que entraram lá em Granada e bombardearam o hospital psiquiátrico de lá.

Eu acho que o caso da descriminalização é uma tarefa realmente muito difícil, porque a oportunidade de que o uso de maconha seja maior vai espalhar um outro estado de consciência, que vai envolver espontaneamente outros valores que não são os valores que esta cultura deseja estabelecer para todo mundo. Há, então, um certo mecanismo de autodefesa da cultura, dessa maneira da sociedade e do mundo estarem organizados, para que ela não sofra uma fratura qualquer. Eu acho até que a nossa sociedade é uma sociedade decadente, é uma sociedade que está se esfarelando. Por isso é que há, inclusive, essa oportunidade da gente estar debatendo este tema, porque se houvesse mais rigidez, nem deixavam a gente falar nada aqui, como passamos muito tempo sem falar nada. Se ela estivesse assim, eu acredito até que seria mais fácil descriminalizar a cocaína que a maconha, porque a cocaína é uma droga que nos induz a um estado de consciência não muito diferente do comum. A cocaína é uma droga de ego, também é uma droga que reforça o ego. O sujeito pega a cocaína, se acha o maior do mundo, aí ele fala, trabalha. O executivo gosta de cocaína, os caras da Bolsa gostam de cocaína. Quer dizer, é um estado de consciência mais próximo do estado de consciência aceitável e desejável pela organização da nossa sociedade. Eu li uma vez um ensaio de um cara que fez uma pesquisa na Índia. A Índia tem aquela sociedade tradicional de divisões rígidas e castas, lá você tem realidades culturais mais separadas coexistindo porque a divisão de castas é rígida. O cara fez uma pesquisa de campo numa província da Índia sobre drogas intoxicantes nas diferentes castas. Verificou que o álcool, como o consumo de carne, que é uma coisa que parece que todo biriteiro tem que comer para equilibrar a birita, era institucionalizado nas casta dos guerreiros e dos mercadores. Os brâmanes, os caras que não sujam as mãos nem com o vil metal, nem com o sangue de seus semelhantes, os brâmanes que vivem para o espírito não comem carne, nem tomam álcool, consomem um preparado deles feito com a velha Cannabis sativa. Quer dizer, o curiador cultural dos brâmanes é um, o curiador cultural dos guerreiros e mercadores é outro. Nossa sociedade, que é uma sociedade, uma cultura, não de brâmanes, nós não temos brâmanes em nossa sociedade, não temos homens sábios, é uma sociedade de guerreiros e mercadores, é uma sociedade da carne e do álcool, e vai ser muito difícil modificar isso.

Eu só vejo uma possibilidade, que é da transformação da consciência das pessoas e nossa sociedade, em número cada vez maior, a uma outra maneira de ver a realidade, experimentar a realidade. Eu não estou dizendo com isto que, pra haver esse outro estado de consciência, essa pessoa precise fumar maconha não, porque pode comer arroz integral, pode fazer ioga, pode fazer meditação, pode simplesmente respirar mais ar que a cabeça já melhora...

Lucidez

POR REGINA NAVARRO LINS

# Lucidez

POR REGINA NAVARRO LINS

Originalmente publicado no
Jornal do Brasil, em
20 de setembro de 1998

**Quais as diferenças entre os jovens dos anos 60 e dos anos 90?**

Não foram os jovens, mas o mundo que mudou. Hoje há um controle social mais eficiente, porque a sujeição e o conformismo das pessoas é mais sútil. O esquema de dominação naquela época não era tão competente, tão sofisticado. Os jovens de hoje vivem circunstâncias diferentes, numa sociedade em que há uma manipulação subliminar terrível. Tradicionalmente, a principal arma de controle social sempre foi a educação. Hoje existe um instrumento muito mais poderoso, a mídia. De uns tempos pra cá, ela tem se unificado. Vivemos um processo de robotização mais grave do que o descrito por George Orwell, no livro *1984*. É assustador.

**O que você acha do casamento?**

O verdadeiro casamento não tem nada a ver com sexo. Significa que duas pessoas querem viver juntas, coabitar, ser companheiras, e isso não precisa envolver sexo. No fundo, todos sabem disso. Os mitos do sistema é que dizem que tem que fazer sexo com aquela pessoa, e não pode com outra. Na época da contracultura a ideia do casal foi colocada em questão. Essa amizade profunda, que é amor, não precisa ser necessariamente entre duas pessoas. A convivência pode ser de três, quatro ou mais pessoas, se elas se amarem. Isso não tem que envolver ou eliminar o sexo. O sentimento é que importa para se viver junto.

**O que a sua experiência na contracultura o ensinou?**

Que não há regras para a existência humana, o que há é liberdade.

**Como é que se consegue ser livre?**

É pela forma negativa, dizendo: "Isso não, esse preconceito não, essa limitação não, esse cerceamento não". É um trabalho de limpeza, de se livrar das mentiras preestabelecidas. Se você vai tirando essas coisas, o que sobra é a liberdade.

**Dizem que os jovens contestadores da década de 1970 se tornaram os conservadores de hoje. Você concorda?**

Foi uma experiência profunda, que grande parte de uma geração viveu, mas sempre tem os que não aprendem e talvez seja a maioria. Os outros são lúcidos até hoje, contestadores, embora não se comportem da mesma forma que quando jovens. Além da experiência forte, foi modismo também. Quando passou a moda, alguns se enquadraram novamente.

**Até os verdadeiros contestadores podem ter sido cooptados pelo sistema?**

Na época da contracultura a ideia do casal foi colocada em questão. Essa amizade profunda, que é amor, não precisa ser necessariamente entre duas pessoas. A convivência pode ser de três, quatro ou mais pessoas, se elas se amarem. Isso não tem que envolver ou eliminar o sexo. O sentimento é que importa para se viver junto.

Claro. Teve o caso de um famoso líder hippie americano, o Jerry Rubin. Depois que os anos passaram, ele foi contratado pela American Express. Passou a percorrer as faculdades, falar às novas gerações. De terno, gravata, cabelo curto, tudo super clean, dizia para os universitários: "A minha geração pensava que a felicidade estava na flor, mas a felicidade não está na flor. Está no cartão American Express". [Gargalhada]

Pensar a contracultura

POR LUIZ CARLOS DE MORAES JR., DANDARA
E CLAUDIO CARVALHO

# Pensar a contracultura

POR LUIZ CARLOS DE MORAES JR., DANDARA E CLAUDIO CARVALHO

Entrevista realizada em
8 de julho de 2005

**[Dandara] Eu tenho grande curiosidade em saber por que esse termo contracultura, se na verdade todo tipo de expressão humana, do pensamento e do comportamento, tudo é cultura... O Paulo Freire diz que tijolo é cultura. E eu que sou uma estudiosa de culturas florestais, o cupim faz cultura, a formiga faz cultura. Por que contracultura, eu queria saber o porquê disto, e se você concorda que seja realmente contracultura?**

Como todo rótulo, contracultura é super questionável, é uma coisa assim que as pessoas aceitam pra ter um rótulo. Sabe aquele negócio do Sartre? No centenário do Sartre, eu fiz uma fala em São Paulo e tive que ler umas coisas do Sartre e Simone. Aí o Sartre já velho, já cego, já nas últimas, o cara perguntou para ele sobre o existencialismo. E ele diz "O existencialismo é um rótulo idiota. Isso aí não foi nunca escolhido, me colaram esse rótulo, eu aceitei, deixei rolar. Mas não serve pra nada, serve só pra manuais de filosofias, nos quais não quer dizer absolutamente nada." Aí o cara pergunta pra ele assim: "Mas se o senhor tivesse que escolher entre o rótulo de existencialista ou marxista, qual é que o senhor escolheria?" "Bom, rótulo por rótulo, se eu tiver que escolher um, ainda prefiro o de existencialista." (Risos)

**[Dandara] Então você prefere o rótulo de contracultura?**

Nenhum rotulado aceita totalmente o rótulo. O termo contracultura foi inventado pela imprensa americana. Contracultura é um termo de mídia. A mídia propaga tudo, a mídia manda. O que sai na mídia é adotado. Hoje as coisas estão nessas condições. E depois foi adotado até pelos próprios representantes da contracultura. O que a mídia e os jornalistas queriam dizer com isso? Que aquelas manifestações culturais, que estavam aparecendo, criadas pelos jovens americanos da época, elas confrontavam, negavam, não eram submissas aos padrões culturais vigentes. O principal inimigo era a universidade. Tudo o que a universidade ensinava de um jeito, então os jovens iam fazer de outro. Pirraça, coisa de garoto. Era tudo ao contrário. Então, a música era rock'n'roll. O rock'n'roll, pelos padrões estéticos da música ocidental, era a coisa mais vagabunda e rastaquera que se possa imaginar, uma música em cima de dois acordes, qualquer um toca. Eu estava assistindo o Jornal Hoje que resolveu agora nas férias terminar um bloco apresentando uma banda de garagem. Então é aquela coisa, realmente, de um primarismo completo. No entanto essa música primária foi o grande hino daquele movimento. E que inclusive se qualificou, por vários motivos, continuaram com poucos acordes, mas mexeram um pouco na harmonia, os Beatles, mexeram muito na sonoridade, inventaram sonoridades novas, o Jimi Hendrix... Quer dizer, tem toda uma margem para se defender esteticamente até o rock, até os anos 70. E o resto mais ou menos se guia por aí, as outras manifestações artísticas. Era uma coisa assim que tinha um de-

Nenhum rotulado aceita totalmente o rótulo. O termo contracultura foi inventado pela imprensa americana. Contracultura é um termo de mídia. E depois foi adotado até pelos próprios representantes da contracultura. E o que a mídia queria dizer com esse termo? Que aquelas manifestações culturais, que estavam aparecendo, criadas pelos jovens americanos da época, elas confrontavam, negavam, não eram submissas aos padrões culturais vigentes.

safio, uma implicância com os valores vigentes. Seria difícil que aquelas coisas fossem aceitas a nível acadêmico. Outra coisa, por exemplo; pensamento, filosofia. A contracultura valorizou em face da rica tradição filosófica do Ocidente. Valorizou o quê? Primeiro, uma tradição, que é a tradição do pensamento mágico, esotérico. Pura superstição. No entanto, essa pura superstição passou a ser verdade na contracultura. Ou então o pensamento oriental, que sempre foi desprezado pela academia ocidental como um pensamento com rótulo inferior, uma coisa inferior. Uma vez, eu fui participar aí de um negócio que inventaram, de fazer um confronto filosófico entre Oriente e Ocidente. Foi um monte de pessoas falar sobre o Oriente, mas sobre o pensamento ocidental, porque aquilo era considerado um evento de segunda categoria, não tinha a dignidade pra que um professor da universidade possa chegar lá e falar. Foi um só, o meu amigo Carlos Henrique Escobar, que é maluco, que aceitou ir lá falar pra defender a filosofia oriental.

**[Luiz] Que não tem medo de queimar o filme, porque já tá com o filme queimado.**

Tem fama de maluco mesmo.

**[Claudio] Eu me lembro que na época lá nos EUA conseguiram promover um debate do Krishnamurti com físicos.**

Para um físico é mais fácil que para um filósofo, porque o físico, com esse negócio dos quanta, eles fundiram a cabeça, e aceitam melhor. Mas o filósofo de universidade não admite. O próprio Carlos Henrique Escobar foi lá para participar do evento, mas a sua primeira declaração foi a seguinte: não há nada pensado no Oriente, que não tenha sido pensado, antes e melhor, na filosofia ocidental. Quer dizer, então que todo o pensamento oriental é desnecessário...

**[Claudio] Mas a própria origem do discurso filosófico, aquela coisa do milagre grego, a filosofia seria uma coisa que nasceu na Grécia, isso já é uma espécie de etnocentrismo.**

Isso, academicamente, pra você ser rigoroso, você não pode chamar o pensamento oriental de filosofia. Eu falei pensamento oriental, não falei filosofia oriental, porque a filosofia é ocidental.

**[Luiz] Porque a filosofia é uma produção totalmente racional, e o oriental trabalha com imagem.**
**[Dandara] Que é uma patente, é grego, ninguém mais pensa, só ele pensa.**

A filosofia é uma coisa inventada pelos gregos.

**[Luiz] Você olha os Vedas, olha os textos da China, não tem conceitos ali. Você tem insights sobre o mundo, figuras, imagens sobre o mundo, que é pensamento sobre o mundo.**

Mas não é nada filosófico, é totalmente poético. Mas os Upanishads são especulativos, há um pensamento especulativo no Oriente, não como o da filosofia, mas há um pensamento especulativo também, principalmente na Índia.

**[Claudio] Antes de falar de religião, como a gente começou falando de contracultura, eu queria levantar aquele tema, como você falou sobre nos marxistas, que na época a contracultura foi muito criticada pela esquerda tradicional, a contracultura não teria lugar no Brasil. Seria uma importação alienígena, por exemplo. Ela nasce nas universidades norte-americanas, de uma rebeldia contra o saber institucional acadêmico.**

Ela é feita pelos estudantes.

**[Claudio] Naquele momento no Brasil nem um por cento da população era universitária, hoje são cerca de dez por cento. Eu queria saber a sua posição, o que você acha. Houve contracul-**

tura no Brasil? Foi um mero produto alienígena? Foi mais uma "ideia fora do lugar"? Ou você acha que ela encontrou lugar?

A contracultura é um produto alienígena importado pelo Brasil como quase toda a cultura. Toda a cultura brasileira foi um produto alienígena importado pelo Brasil. A cultura brasileira feita aqui é a cultura indígena, o resto veio da Europa.

**[Claudio] Inclusive estamos fazendo a entrevista em português.**

A cultura branca veio da Europa, a cultura negra veio da África. É o indígena que é daqui, o resto tudo veio de fora. A contracultura na verdade foi um negócio que nos EUA teve mais poder, mas foi uma coisa que estava no ar em todo o Ocidente. Na Europa também, na Inglaterra, na França.

**[Dandara] Mas você considera que no Brasil ela tem o mesmo perfil? Quer dizer, ela se inscreve inicialmente como uma tentativa de oposição a um padrão, ou sob esse rótulo, várias outras coisas, características, típicas do Brasil começam a...**

Olha, força da contracultura nos EUA se deve ao protesto contra a guerra do Vietnã. Foi o que deu essa força. Antes havia uma rebelião lá que vinha dos beatniks, da beat generation, mas até a beat generation era uma coisa de escritores, poetas...

**[Claudio] Não era um movimento social, ficou restrito a uma intelectualidade. E no Brasil, ela teve esse perfil?**

Não entrava nisso, só nos EUA. Os bem-comportados entraram quando veio o movimento hippie, por causa do Vietnã, que não queriam ir para a guerra. Começaram a rasgar os certificados militares, e portanto se tornar marginais.

**[Luiz] A impressão que me dá é que a partir desse problema, dessa situação, surge uma proposta de uma nova forma de relação social e de uma nova consciência.**

No Brasil aconteceu a mesma coisa, só que não foi o Vietnã, foi a ditadura militar. O único lugar onde houve um protesto mais sofisticado sem uma motivação tão violenta quanto o Vietnã ou a ditadura militar foi na Europa, na França por exemplo. Foi dos estudantes contra a universidade, contra o autoritarismo.

**[Claudio] Você tá falando de maio de 68.**

Sim. É uma coisa muito marcante, porque depois todo ambiente cultural francês depois de maio de 68 foi marcado por 68.

**[Luiz] Os pensadores da filosofia e da sociedade são marcados contra ou a favor, mas eles não são inócuos a isso. Agora, a questão da expansão da consciência, porque a coisa começa de certa forma simples, o beatnik era a rejeição do establishment e a aproximação com o negro e com a droga e tal, mas foi rápido pro budismo e depois pro nagualismo, pra coisa do índio, e veio Castaneda. E essa questão, porque você é talvez o maior especialista no Brasil em Castaneda.**

Meio-especialista.

**[Luiz] Mas, de qualquer forma, no Brasil, você foi um dos poucos que teve uma recepção quase que imediata, e positiva, em relação ao Castaneda. O que é difícil os intelectuais terem. Há muito preconceito. Como é que você vê isso, essa questão da expansão da consciência como uma proposta real instrumentalizada pela obra do Castaneda?**

Os intelectuais num primeiro momento receberam melhor o Castaneda, até o quarto livro. E quando ficou num nível assim, parecendo...

**[Luiz] Parecendo um documento de antropologia.**

Não, parecendo a relação do Don Juan com o discípulo, meio psicanalista e psicanalizado, só os dois ali. Aí então, isso aí foi aceito. Quando surgiu aquela complicação de uma tradição esotérica mágica, aí começou a complicar tudo. Aí então eles falaram isso é invenção.

**[Luiz] Mas era algum tipo de experimentação. Não era um discurso parecido com nada. Parece um pouco com filosofia, mas não era filosofia.**

Não, não era nada que pudesse colocar nos compartimentos acadêmicos.

**[Luiz] A Carmina Fort, por exemplo, que fez uma entrevista com Castaneda, diz que na China as pessoas arriscavam a vida pra fazer contrabando do livro. Muitas pessoas seguem até hoje, e tem agora uma espécie de um tai chi, que é a tensegridade. Como é que você vê essa obra do Castaneda, você que traduziu o livro dele A Roda do Tempo?**

É. Eu traduzi A Roda do Tempo, que já é um livro da última fase do Castaneda, da tensegridade. Cá entre nós, eu não simpatizo muito com esse negócio de tensegridade. Eu inclusive coloquei muito em questão isso, e o pessoal da tensegridade ficou chateado comigo. Porque é uma reviravolta muito grande no que eu estava acostumado a conhecer do pensamento do Castaneda. Quando eu soube que começou aquela papagaiada de fazer seminário em Los Angeles cobrando quatro mil dólares por pessoa.

**[Luiz] E às vezes com a presença dele.**

E ele só aparecia. Ele não fazia nada, só aparecia. As bruxas tomaram conta dele, tomaram conta de tudo. Principalmente a chefa, que é a misteriosa Carol Tiggs.

**[Luiz] Você conheceu o Castaneda ou alguma das guerreiras pessoalmente?**

**[Dandara] Cara, que loucura isso!**

O Castaneda, só na segunda atenção. (Risos)

**[Luiz] Mas então você vê uma importância maior na obra inicial, na primeira metade da obra.**

Sim, sem dúvida nenhuma. Os últimos livros eu acho que além de tudo não são tão bem escritos quantos os primeiros livros de Castaneda.

**[Luiz] O estilo mudou muito, né? Aqueles seriam relatos do que ele lembrou na segunda atenção.**

Mas isso a partir de O Presente da Águia, que volta o Don Juan, volta tudo. Mas a influência das feiticeiras é só nos finais, eu acho que A Arte do Sonhar em diante, O Lado Ativo do Infinito, aqueles fatos, eu acho aquilo uma verdadeira, como diria a minha amiga Maria Carmen Barbosa, cenoura na canja, eu acho que aquilo não tem nada a ver...

**[Dandara] Você acha que no momento, não havendo mais guerra do Vietnã nem ditadura, o que era a contracultura vai por esse caminho de investigar os limites da realidade e da expansão pessoal ou simplesmente deixou de existir?**

Aquela forma de contracultura, aquilo foi um produto histórico determinado. O que era o objetivo? A liberdade. O objetivo é o reino da liberdade. Esse que é o grande objetivo que as mentes mais luminosas do século XX vislumbraram claramente. A essência do ser humano é a liberdade. Isso vai permanecer pra sempre. Isso aí não tem recuo de alienação, de estupidez que possa impedir essa coisa florescer.

**[Dandara] De certa forma aquele impulso ele leva a um tipo de investigação metafísica e existencial permanente.**

Sim, há essa busca, ele está indagando o seu lugar no mistério do ser. A gente busca lançar luz sobre isso com a conquista de uma liberdade cada vez maior.

**[Claudio] No caso do Castaneda e de certas experiências tinha uma ligação de expansão de consciência que não era só necessariamente tai chi ou posturas, tinha um aditivo da droga que você utilizava pra atingir essa consciência expandida. Aí a gente vê hoje a droga transformada num gigantesco business. A minha pergunta é: como é que você vê, qual o lugar da droga naquele momento e qual o lugar da droga hoje?**

No Castaneda a droga nunca foi uma via de acesso a uma consciência expandida. Nunca foi. Isso é muito bem explicado e reiterado até. A droga era um meio de desmanchar a prisão da primeira atenção naquele cara em particular que era o Carlito. Então, o Don Juan conhecia aquelas plantas de poder, como ele chamava, e usava pra quebrar o condicionamento mental do Castaneda. A conquista da consciência, a expansão da consciência, no Don Juan e no Castaneda, não é um resultado da ingestão de drogas. Ao contrário do que acontece por exemplo na Igreja Nativista Americana, porque eles fazem o culto do peiote. O peiote é uma droga sagrada que possibilita...

**[Dandara] Como o Santo Daime.**

Como o Santo Daime, o Mundo Vegetal que usa o ayahuasca. Também o ayahuasca é considerado uma droga sagrada. E o acesso às realidade mais profundas é através do ayahuasca. No Castaneda não é assim. Então, quando ele cessa de falar de drogas, a certa altura, a partir do segundo ou no terceiro livro, ele não fala mais de drogas. Isso só aparece no começo do aprendizado. Porque era uma maneira de quebrar a resistência. Isso é uma coisa positiva que certas drogas possuem, não são todas as drogas. São as chamadas drogas alucinógenas, ou como o psicólogo Thimoty Leary inventou o termo, psicodélicas, que são expansoras da psique, da consciência. Então não se pode dizer que cocaína, ou heroína, ou ecstasy ou crack sejam expansores de consciência.

**[Luiz] Muito pelo contrário. E a maconha?**
**[Claudio] Vai bem, obrigado.**

A maconha é um refresco.

**[Dandara] Depende do uso, é, quando você coloca a droga como um fim em si mesma...**

É claro, qualquer coisa que você ache que é a solução da sua vida, pronto, você...

**[Dandara] Pode ser o amor, pode ser o dinheiro.**

Fica maconheiro, fica tomando aspirina, ou sonífero. Essa é uma questão que está muito presente. Dizem assim: olha só, a contracultura foi adotar as drogas, olha a merda que deu. A merda que deu não foi culpa da contracultura, foi culpa do sistema. A contracultura reivindicou a possibilidade, a liberdade do indivíduo poder usar essas drogas sem ser indiciado criminalmente, sem ser considerado um criminoso, só porque está tomando droga. Essa criminalização que é um absurdo, porque tomar droga não faz mal pra ninguém, a não ser pra você mesmo. Você não está prejudicando ninguém, pô! Então isso já é uma besteira. Mas a contracultura mostrou qual era a maneira de tirar a droga do âmbito do crime, que é muito simples.

**[Claudio] É legalizar.**

Como a sociedade não quis seguir o conselho sensato da contracultura, que era legalizar as drogas, ela criou o que nós estamos vendo. Naturalmente o crime organizado foi criado pelo aumento do mercado para as drogas. Aumentou muito o número de pessoas que passaram a consumir drogas, então houve um volume muito maior de dinheiro. Agora, o grande obstáculo pra resolver isso é o fato de ser proibida. Como diz Timothy Leary, as drogas são proibidas porque assim dão mais dinheiro a mais gente. Então, tem muita gente ganhando dinheiro com esse comércio, e quer que o comércio permaneça ilegal. O terrorismo etc. "Oh! que horror! Imagina, legalizar as drogas, aí toda a população vai se drogar, vai sair pelas ruas!"

**[Luiz] Inclusive porque há drogas legalizadas, como o álcool...**

Tem gente que cai de bêbado na rua, mas não é todo mundo. Um só que cai de bêbado. Agora, a experiência da Holanda, ninguém gosta de comentar. Não aconteceu nada. Tudo folclore. Não tem crime organizado na Holanda, porque não precisa ter tráfico ilegal de drogas. É controlado pelo estado, que vende a droga.

**[Dandara] Tem os suicidas depressivos, mas isso tem em qualquer lugar.**

Sim, por qualquer coisa.

**[Dandara] Do jeito que está se falando, me parece que nesse momento em que surge o fenômeno da contracultura, é como se começasse um tipo de investigação filosófica ou de movimento filosófico da interdisciplinaridade ou da co-disciplinaridade, quer dizer, um tipo de pensamento que investiga diversos padrões e ideias de diversas culturas e não mais se deixa cercear nos limites técnicos ou geográficos ou de classe social. Me parece que essa semente vai além daquele produto histórico limitado e começa a formar uma série de pensadores que vão buscar pegando de diversas partes do mundo e de diversas disciplinas pra tentar entender e se posicionar. Será se isso faz sentido, uma tentativa de...**

Sim, faz todo o sentido. Tanto é que historicamente, você sabe que contracultura veio primeiro. O florescimento de vários movimentos libertários que caracterizaram a segunda metade do século XX, como o movimento das mulheres, o movimento dos negros, o movimento dos homossexuais, ecologia... tudo isso veio a partir da contracultura. Então, foi um processo que teve, e esse processo continuou. O existencialismo é um produto histórico, lá dos anos 40, da Europa. Contracultura? Também é um produto, dos anos 60, 70, também é um produto histórico. Agora, claro que tudo delicado, tudo tem uma relação, faz parte de um processo.

**[Dandara] O Mautner, quando estava me falando sobre o trabalho deles, me apresentando, estava dizendo que essa revista Tecnogaia era um esforço dessas pessoas que trabalham dentro da academia em trazer o mundo mais pra dentro da academia. E eu vejo em todos os lugares a necessidade urgente de beber de diversas fontes, de conseguir uma maneira de pensar que permita que várias formas de pensar convivam, dialoguem.**

É. Em 72, na época da contracultura, teve umas experiências que foram feitas na Inglaterra, principalmente, nos EUA, nesses países assim, do que chamavam de anti-universidade, ou universidade livre.

**[Claudio] Aqui teve a Univerta.**

A Multiversidade, também. Que é um negócio assim de uma anti-academia. Tem cursos, tem palestras, grupos de trabalho, mas não tem nenhuma rigidez. É tudo experimental.

**[Luiz] Aquela coisa burocrática, ter que dar um programa.**

Você ser contratado.

**[Claudio] Eu quero pegar a questão do progresso e da crítica ao progresso. Tanto o capitalismo como as alternativas de socialismo real eram vistos lá no contexto da contracultura como**

**visões industrialistas, que tinham um crença no progresso inexorável da humanidade e esse progresso seria desumano, horário burocrático, esse tipo de coisa. E isso aí tem a ver com a revolução industrial, com o momento em que o homem se vê diante dessa produção em massa pro mercado.**

Isso aí na verdade tem a ver muito com a cultura ocidental desde as suas raízes, desde a descoberta da tekhné grega, num preceito científico deficiente da ciência ocidental, que ocasionaram o quê? O que o filósofo alemão Martin Heidegger chama de esquecimento do ser. Então, o ser foi esquecido, em função da ciência e da técnica. Eu não estou dizendo que ciência e técnica sejam necessariamente más. Mas o domínio da ciência e da técnica é mau, e a vítima é o ser humano. É uma alienação. É o que Heidegger chama de esquecimento do ser e linguagem, o hegeliano marxista vai chamar de alienação.

**[Claudio] Mas talvez aquilo que o Escobar estivesse querendo dizer naquele momento, que pareceu totalmente etnocêntrico, que os gregos pensaram mais e melhor etc, tirando esse negócio de mais e melhor, uma busca lá no Oriente, o próprio Fritjoff Capra vai buscar lá no taoísmo alternativas, mas o próprio Ocidente produziu antídotos pra isso, Heráclito, você falou em Heidegger, Nietzsche, a própria narrativa ficcional.**

O pensamento oriental, a força do pensamento oriental, como repara Alan Watts, não é filosófica, não é pensamento especulativo. O objetivo do pensamento oriental é o que em termos ocidentais se chamaria de psicoterapia. O objetivo é uma elevação do nível de consciência. Budismo, meditação, yoga, tudo isso é pra elevar a consciência do indivíduo. E nesse sentido ele é muito mais avançado do que qualquer coisa que tenha sido feita no Ocidente.

**[Claudio] Ele é uma busca de saúde.**

É, de saúde. Porque no Ocidente isso ficou relegado à religião. Uma religião igualmente alienada. A religião dualista, a religião do outro mundo, a religião mitológica. E não ficou como uma coisa natural. Quando você diz que o Fritjoff Capra é taoísta, não há uma igreja taoísta. Há o Chuang Tze e o Lao Tze, há o pensamento taoísta. Então esse pensamento tem esse valor, de valorização do indivíduo, no caminho pra sua libertação. O Ocidente não chegou perto disso. O que foi que o Ocidente fabricou? Fabricou a psicanálise, Freud.

**[Luiz] O que você está chamando de libertação? Por exemplo, na tradição do Ocidente existe a ideia da alma ir para o Paraíso, se libertar, na psicanálise seria a cura, ou então o estado nirvânico... O que você está chamando de libertação?**

Um estágio superior da consciência, a expansão da consciência.

**[Luiz] Você acha que existem espalhadas pelo mundo técnicas...**

Do mesmo jeito que no Castaneda tem a terceira atenção, no orientalismo tem nirvana, são terminologias diferentes, mas todos são estágios superiores da consciência. É a hipótese de um estado supremo da consciência.

**[Luiz] Um brilho total, que está no Herman Hesse, no Sidarta. CC: Vou ser um pouco provocativo neste momento, em relação a isso. Até que ponto isso não seria, brincando de ser freudiano, mas só brincando pra estabelecer um diálogo mesmo, até que ponto não existiria nisso um certo desejo regressivo? Até que ponto a angústia é algo inerente ao ser e até que ponto você buscar o nirvana não é uma tentativa de retorno ao cômodo útero? Até que ponto isso é um desejo de morte? [Dandara] Até que ponto a angústia ocidental é essencial?**

Isso depende de como você interpreta o nirvana. O nirvana é frequentemente interpretado, como nada se pode dizer do nirvana. Então ele é um vazio, ou sunyata, nirvana vem do sunyata, plenamente, suny é um vazio, mas essa decisão budista desse significado é uma decisão em relação a uma impossibilidade conceitual. O sunyata é vazio porque não há conceitos que possam nomear.

**[Luiz] Não é que ele realmente seja vazio, é vazio pra nossa mente atual, que não pode alcançar.**
**[Dandara] É vazio pro nosso cheio.**

Então aí ele é equiparado com a morte, o aniquilamento, o nada, o desejo de chegar ao nada. Mas isso é uma interpretação freudiana do nirvana.

**[Dandara] Eu diria assim criticando Freud, que não conseguiu enxergar a mulher como um outro ser mas como um não-homem, mesmo numa sociedade onde meia dúzia chegam ao nirvana você tem um monte de confusões ali que têm que ser resolvidas. O acesso de todos ao nirvana é uma questão muito séria, porque eu acho que nenhuma sociedade chegou perto de abrir realmente pra todas classes sociais, homens, mulheres, eu acho que esse caminho pro paraíso é cheio de conflitos e de brigas.**

Mas esses caminhos, que são caminhos que são apontados para o indivíduo, segundo os caras que melhor conhecem isso, independem de obstáculos sociais ou mundanos, de certa maneira. Isso é uma coisa que é uma responsabilidade individual e que está ao acesso de qualquer indivíduo.

**[Dandara] Embora o treinamento para as mulheres não fosse uma coisa tão aberta.**

Sim, quando se institucionaliza. Quando se institucionaliza aí pronto, vêm logo os que são discriminados pela instituição.

E as instituições religiosas tradicionalmente discriminaram a mulher. Eu estava me lembrando de uma passagem do Castaneda em que ele está com Don Juan num restaurante que tem mesinha na calçada, em México City, e eles estão observando um bando de meninos de rua que ficam paquerando, esperando que os fregueses se levantem das mesas, aí eles atacam as mesas, o que deixaram na mesa eles apanhavam. Apanhavam até o limão que estava dentro da xícara de chá, claro, o limão é vitamina C. Os garotos tão aproveitando tudo. Aí o Castaneda comenta isso, esses meninos coitados estão fodidos, estão perdidos. Aí o Don Juan diz pra ele: "Olha, qualquer um deles tem mais chance de se tornar um homem de conhecimento do que você". (Risos) Não ia ser a condição de classe média, de um antropólogo que estava ali fazendo a sua tese de mestrado, depois a sua tese de doutorado, que iria torná-lo mais apto que outros para esse tipo de conhecimento.

**[Luiz] Mas você disse que esse tipo de saber é individual. Como então explica-lo, ampliá-lo para outras pessoas?**

Olha, todas as explicações sobre a realidade, seja do budismo, do taoísmo, do Capra, seja dos pensadores ocidentais bem como dos pensadores orientais, para mim é tudo metáfora. É tudo maneiras de ver, e não existe, entre todas as diferentes maneiras de ver, nenhum núcleo central definido, que você possa dizer: "Eu cheguei ao núcleo central". Não é da natureza da realidade. A natureza da realidade é não ter núcleo central.

**[Dandara] Essa inteligência é que eu considero uma das grandes coisas que o século XX trouxe. É você permitir as pessoas parar com essa loucura de achar que você tem a verdade e que todos os outros são idiotas.**

**[Luiz] Mas isso é uma aspiração.**

E isso é uma percepção que depende de um certo nível de expansão da consciência. Da minha experiência toda com a contracultura, os ácidos que eu tomei, tudo o que eu vivi, pensei, passei, e tudo mais, o que eu trouxe de tudo isso é a minha visão, a minha consciência, disso, por exemplo. Que não adianta correr atrás desse núcleo objetal porque não há. E o próprio processo é um processo livre, também...

# O Tao da contracultura

DEPOIMENTO

# O tao da contracultura

DEPOIMENTO

Originalmente publicado no livro
"Por que não?", org. Santuza Cambraia
Naves e Maria Isabel Mendes de Almeida,
Editora 7Letras, 2007

Sou considerado, a despeito de mim próprio, uma espécie de autoridade em contracultura. Sei lá por quê, aconteceu, talvez porque eu fosse o único cara que, em nossa mídia da época, falava do assunto quando a contracultura florescia, nos anos 1960 e 70. Como não havia nenhum outro candidato a "guru da contracultura", sobrou pra mim mesmo esse epíteto que, segundo Ruy Castro, terei que carregar até o final dos meus dias como uma corcunda. Que jeito? O que é que eu vou fazer, né? Então cá estou aumentando um pouquinho mais a corcunda.

Mas como é que eu vou falar sobre contracultura, de que ângulo vamos pegar o assunto?

Acabei de escutar aqui pronunciamentos muito interessantes, mas particularmente o do Antonio Cicero mostrou uma coisa que até dispensa comentários. O testemunho de Cicero sobre a importância, para a formação dele, do encontro com o Caetano, que justamente o impressionou por qualidades que a rigor podem ser classificadas como contraculturais. O que Antonio Cicero falou do Caetano é o que praticamente a contracultura se propunha. Ver todas as coisas com esse olhar inocente, esse primeiro olhar, ver diretamente as coisas, ver sem mediações intelectuais estabelecidas e consagradas, seja pela academia, seja pela mídia, seja por qualquer um desses outros monstros por aí que dirigem as nossas vidas. A experiência imediata e a experiência concreta do real foram o grande objetivo da contracultura; não foi a transgressão, que é mera consequência.

Como a experiência concreta do real estabelecia a necessidade da liberdade individual, de que cada indivíduo vivesse a sua própria liberdade, isso, naturalmente, para o sistema, para a sociedade organizada, para as regras estabelecidas, parece transgressão. É um desaforo. Então a transgressão passa a ser considerada uma característica essencial da contracultura, mas isso é para os outros, para os que vêem de fora a contracultura, eles é que acham que é transgressão. Para quem vive a contracultura, não é transgressão nenhuma. É uma coisa natural, uma questão só de viver livre, de viver a própria liberdade.

Um pouco parecido com a questão das drogas, não é? Assunto que deve ser falado aqui, porque as drogas realmente tiveram um papel importante no desenvolvimento da contracultura. Timothy Leary dizia que as drogas são "substâncias que enlouquecem as pessoas que não as usam". Pura verdade. As pessoas que não usam drogas frequentemente ficam completamente loucas contra as drogas, ficam vociferando contra as malditas drogas, histéricas, loucas. A suposta transgressão da contracultura é apenas uma maneira de ver a liberdade que ela procurava.

Por que foi procurada, essa liberdade? A contracultura foi uma experiência juvenil, antes de qualquer coisa. Foi coisa de garoto. Esse Caetano que impressionou o Antonio Cicero e que marcou a formação dele tinha no mínimo um terço da idade dos professores dele na Universidade de Londres. Era um garoto. Era um menino. E dizia coisas que ele não podia escutar na universidade e que, no entanto, marcaram a formação dele de uma maneira fundamental. Então esses meninos que inventaram a contracultura, que criaram a contracultura, foram meninos de uma geração determinada. Isso não quer dizer que todos os meninos façam isso, porque os meninos de hoje não fazem mais. Os meninos de antes também não fizeram. Os meninos daquela geração tiveram essa intuição. Por quê? De onde ela caiu na cabeça deles, no espírito deles? De onde veio? Ninguém sabe. Aconteceu simplesmente. É uma coisa que desafia as explicações racionais, as interpretações históricas e tudo mais. Aconteceu naquele momento. Mas por que aconteceu? Não se sabe.

Eu vivi o evento, então posso dizer para vocês a minha hipótese favorita: aconteceu, antes de qualquer coisa, por causa de uma necessidade de ordem existencial. Nós queríamos que a nossa vida fosse diferente da vida que a gente via os adultos viverem. O que a gente via no nosso estilo de vida, no Ocidente, desde aquela época? Doença, neurose, crime, tudo o que a gente tem de ruim. A característica da sociedade era a multiplicação de instituições, tipo hospital, porque todo mundo era doente; prisão, porque todo mundo era criminoso; por aí. Isso continua até hoje e cada vez mais.

Percebíamos que essa característica era uma maneira de ver a vida. Pensávamos diante das respeitáveis instituições: "isso é uma maneira de ver doente, não é uma coisa aleijada, isso é mórbido, nós precisamos de uma vida saudável, nós precisamos conquistar uma vida saudável".

Essa foi a proposta fundamental. Não foi agredir ninguém, não foi transgredir nada. O que se queria era uma vida saudável, uma vida feliz. E para ter uma vida saudável e feliz era preciso ser livre. Essa era a proposta fundamental: ser livre, a liberdade.

Alguns de nós, na época, principalmente os mais velhinhos, porque na época eu já era mais velhinho, o resto do pessoal lá da turma era tudo garoto mesmo, alguns ainda adolescentes. Então eu já estava mais velhinho, já estava com uns trinta anos de idade e tal, era o "grand old man" da contracultura, né?

Meu conhecimento de causa era mais nítido porque eu era existencialista. Ainda mais jovem, ficara gostando de Jean-Paul Sartre, um pensador que antecipou essa necessidade da liberdade, de você assumir sua liberdade que – diz ele – é absoluta, infinita.

A liberdade interna de Sartre é absoluta. Você é inteiramente responsável por tudo que você faz porque é inteiramente livre. Ah, mas se o cara tá enfiado numa cadeia, numa cela, lá entre quatro paredes? Dentro daquela circunstância, ele ainda é livre. Eu estive preso, durante a ditadura, na Vila Militar, e me lembrava dessas palavras do Sartre. Eu fiquei sessenta dias em cana lá, vendo o sol nascer quadrado. Mas a minha liberdade interna, a liberdade do meu espírito, ninguém podia tirar. Ela só crescia!

Acho que mesmo que tivesse sido torturado, ela poderia crescer. Mesmo que fosse morto, talvez. É uma experiência realmente interessante.

Na medida em que os anos passam, eu digo para mim próprio: "Ih, cada vez tenho menos tempo para viver, vou acabar morrendo daqui a pouco". Mas isso é bom, vamos ver o que acontece então. É uma experiência nova. Saber o que é essa tal de morte. O que essa morte representa, saber se existe céu, se existe inferno, pode ser essa imagem horrível de um quarto escuro, ou pode ser a eternidade, olha só. Ah, eu espero que não seja assim, mas também pode ser que seja, quem sabe? Então era isso, eu tinha essa experiência, essa experiência de procurar a liberdade existencialista. Que é você rejeitar todas as regras pré-estabelecidas. No caso do Sartre, as de comportamento, de normas morais, éticas e tudo mais. E você ser inteiramente livre e naturalmente responsável pelo que você fizer com essa liberdade, como Sartre sempre acentua.

Essa proposição existencialista da liberdade foi importante para a contracultura como ela foi desenvolvida nos Estados Unidos. Norman Mailer no seu clássico ensaio "The White Negro" (O negro branco), onde ele fala da geração Beat, que foi a predecessora dos hippies. Os beatniks. O hipster, que foi a primeira palavra de onde saiu a palavra hippie, o hippié é só um hipster pequeno, mas já tinha o hipster antes. E Norman Mailer disse que esse tipo que aparecia nas cidades norte-americanas, esse tipo deraciné, livre, freewhellin', que vivia on the road, tomando, anfetamina, bebendo cerveja, fumando maconha, era o existencialista americano. Ou seja, para definir o tipo que ele conhecia bem, Mailer tomou como referência exatamente o existencialismo francês de Sartre e sua noção de liberdade. Essa procura, essa disposição de exercer plenamente a liberdade individual é que abriu as portas para a geração experimentar com as drogas proibidas.

Isso era uma coisa muito clara para todo mundo, porque essa sociedade cheia de mazelas – não se pode dizer que não seja cheia de mazelas, está cada vez mais... – é uma sociedade que vive de drogas. Todo mundo se droga. Agora, só ase droga com drogas de farmácia, não é? Ou de bar. É tanto movimento de farmácia! Lá no Leblon tem uma farmácia a cada meia quadra. Porque é o melhor negócio do mundo ter farmácia. Todo mundo vive nas farmácias comprando bola para isso, bola praquilo, bola praquilo outro, e tarja vermelha e tarja preta e não sei mais o quê. De bar, então, nem se fala.

Agora tem umas droguinhas lá que resolveram que são proibidas, que não pode. Pode todas as outras, mas essas não pode. Maconha não pode, cocaína não pode, LSD não pode, heroína não pode. Aí a gente ficava pensando: "Ué, não pode por quê? O que é que tem aí que não pode? Deixa eu experimentar, deixa eu ver qual é". Seguíamos um velho preceito muito sábio que li em Bernard Shaw e acho que deve ser transmitido para todos, jovens e velhos: experimenta de todas as coisas, rejeita as más, segura firmemente as boas.

Por que nós vamos fazer isso? Então você vai ver que heroína é uma barra meio pesada, você acaba se estrepando. Cocaína você também não vai se dar bem... Não é tanto quanto heroína, mas fica claro que bem não faz... Com maconha não acontece grandes coisas. Ácido lisérgico, ácido lisérgico nunca levou ninguém para o hospital... O único problema do ácido lisérgico é você pirar. Se você não pira, aí se dá bem, aprende, aprende muita coisa. Tem quem diz que é até melhor ter bad trip porque ensina mais que a good trip, a agradável. Então só a experiência direta das drogas é que ensina que as drogas são diferentes.

Quando se fala genericamente "as drogas", isso é uma arbitrariedade que o sistema gosta de usar, porque bota tudo no mesmo saco. Mas elas são diferentes, cada uma tem a sua personalidade, cada uma tem os seus efeitos, cada uma tem suas características. Você pode se dar bem com uma e mal com a outra, você tem que escolher qual é a sua. A vovó não escolhe pílula para dormir? A titia não escolhe seus calmantes? O papai não escolhe um uisquinho? Você poderia escolher uma dessas outras também.

Então houve uma desdemonização das drogas que foi muito importante para a formação de muita gente e para o aprendizado de muita gente. Não estou fazendo proselitismo do uso de drogas, não. Se não quer tomar droga nenhuma, acho ótimo. Quer beber, biritar, acho ótimo. Qualquer coisa. Todo mundo é livre, pode fazer o que bem entender. Agora, essa demonização das drogas ilícitas realmente é uma insensatez, cujo resultado nós estamos vendo, que é a força do crime organizado e o dinheiro que o crime organizado consegue faturar. Se essas drogas fossem liberadas isso não estaria acontecendo. Mas está acontecendo, infelizmente, e parece que vai ficar cada vez pior. A esta altura dos acontecimentos, já deveria ficar claro pra todo mundo que a repressão só agrava os problemas que promete resolver.

As drogas que na contracultura tiveram mais prestígio são o tipo de drogas que as culturas tradicionais consideram sagradas. São drogas alucinógenas. Drogas como o peiote, o aiuasca e finalmente a grande descoberta tecnológica do século XX, só comparável à bomba atômica, que é o famoso LSD. O ácido lisérgico desmonta as estuturas mentais introjetadas pela educação, pela formação: "Pensa assim, reage assim, seja assim e assado!" O ácido pega e plaft, derruba tudo. O que dá a oportunidade para o indivíduo se reestruturar. Abandonar medos, fobias, neuroses, problemas, e reestruturar a sua mente, a sua vida, de maneira mais saudável, mais simples, mais direta. Não é à toa que surgiram psicoterapias de profissionais mais espertos, que viram como isso podia ser utilizado para o bem das pessoas.

A fase inicial de um tratamento com o ácido lisérgico (ou com o peiote, a mescalina, o aiuasca, etc.) abre espaço para que se possa construir uma nova maneira de ver. E isso foi utilizado por muita gente que acabou se beneficiando da experiência. Muitas pessoas que estão muito bem equilibradas na vida usaram ácido lisérgico. Não quer dizer que se vai usar o ácido a vida ineira, né? Também não precisa entrar em uma seita, como a seita do peiote da igreja nativista americana, ou a seita do aiuasca aqui, do Santo Daime ou da União do Vegetal. Não precisa, você pode usar a experiência lisérgica conforme seus próprios objetivos e depois deixar pra lá. Uma antiga historinha zen diz que, depois de utilizar uma jangada para cruzar um rio, você a abandona na outra margem, não vai seguir viagem carregando-a nas costas. É a mesma coisa. Um exemplo é a obra de Carlos Castañeda, em que a instrução do mestre para o discípulo passa por uma fase de utilização de plantas alucinógenas, que ele chama de plantas do poder, e depois se expande para outras práticas.

A liberdade é esse espaço novo, esse espaço virgem que as

drogas abriram é que levaram essa geração àquilo que se chamou de drop-outs, que significa "cair fora". Você "cai fora" do mundo organizado tal como ele se apresenta para criar um outro mundo. Um mundo diferente, com valores diferentes. Um mundo em que possa ser feita uma saudável subversão total de todos os valores. O drop-out foi a característica fundamental da organização social da contracultura. Aqui a contracultura se contrapõe a todas as soluções tradicionais para o conserto da sociedade, notadamente o marxismo, que era a grande influência da época. O marxismo propunha a modificação da sociedade, a melhora da vida humana através da revolução, através das armas, através da briga, do pau.

Os hippies queriam paz e amor, eles não queriam brigar com ninguém. Eles só queriam ser deixados em paz para organizar a própria vida e fazer o que quisessem dessa vida. Então, mais uma vez aqui, não há transgressão, não há confronto, não há choque. Há uma marginalização, sem dúvida nenhuma, sob uma forma que foi cantada por alguns, como Raul Seixas e a "Sociedade Alternativa". Esse que é o sentido da sociedade alternativa; é uma sociedade em que você escolhe em detrimento da sociedade estabelecida.

Claro que vão dizer assim: "Ah, mas o que adianta isso? Não pode, não adianta, tem que se submeter à sociedade estabelecida". Claro, a sociedade estabelecida não suporta a ideia de que possa existir uma outra sociedade que não esteja sujeita às suas regras, existindo paralelamente. E se essa outra sociedade não dá mais certo? E se as pessoas descobrem que vão ser mais felizes, aí nessa outra sociedade? Com que cara fica a sociedade vigente estabelecida? Vai ficar com uma cara desse tamanho, né?

É preciso distinguir esse projeto. O projeto da contracultura – estou falando do fenômeno histórico da contracultura e não na contracultura no seu conceito geral de insurgência contra a ordem estabelecida, mas aquele fenômeno histórico que foi a nossa experiência, da minha geração – nesse fenômeno histórico, a esperança era dada por essa possibilidade de uma construção de uma sociedade paralela. É bem verdade que os valores dessa sociedade paralela eram valores muito escandalosos, que a sociedade estabelecida não podia aceitar. Não podia aceitar nem apenas que alguém fosse professar esses valores, ainda mais que existisse alguém que tivesse esses valores.

O mais flagrante deles é o culto do dinheiro. A única experiência concreta de desprezo ao vil metal que nós tivemos na história do Ocidente foi a contracultura. Esses meninos tiveram o topete, a petulância de dizer que dinheiro é o que é: uma merda. E que é o verdadeiro responsável por toda a sequência de horrores que nós assistimos na nossa sociedade. Não é questão apenas da organização desse dinheiro através do sistema capitalista, ou da organização desse dinheiro através do sistema contra o capitalismo. Não importa! O sistema capitalista ou socialista, não importa. Tem grana, é o vil metal, como diziam os antigos, é sacanagem. Não adianta. Não haverá ética, não haverá moral, não haverá felicidade, não haverá sexo saudável, não haverá arte verdadeira, não haverá nada enquanto existir grana. Grana suja tudo, contamina tudo, estraga tudo.

E só os hippies é que falavam mal da grana. O único programa político que eu vi propondo a abolição do dinheiro, recentemente, sei que muitos de vocês não tinham essa conhecimento, mas mais recentemente, nos anos 60, foi o programa do White Panther Party, americano, do partido dos Panteras Brancas, do John Sinclair, que dizia: nosso propósito é a abolição do dinheiro.

Esse objetivo de criar uma sociedade paralela, alternativa, com outros valores, se estende para outros níveis. O nível que foi mais discutido aqui é o nível estético, é o da arte. A arte da contracultura quis partir também então de uma liberdade total. Não agredir, não enfrentar os cânones da crítica acadêmica ou da estética oficial, dos grandes filósofos, não tem nada disso. Não,

não precisa. É à parte. É fazer a sua música da maneira como ela brota espontaneamente. É fazer a sua pintura da maneira como ela brota espontaneamente. É fazer sua literatura, seu cinema, seu teatro, etc., do mesmojeito. Com liberdade. "Ah, mas é uma porcaria..." Que importa que seja uma porcaria agora? Deixa fazer! Imagina se essa sociedade prossegue, de desenvolve, floresce. Essa arte também se desenvolve. Sem ter o tacão das normas estéticas nem dos padrões estéticos e nem da autonomia da arte. Não importa considerar teoricamente se a arte é misturada com a vida ou não; ela é misturada com a vida. Tudo é misturado com a vida, o que pode ser fora da vida? O que está fora da vida está morto.

Claro que a especificidade do estético é um conceito, é uma coisa pensada, não é uma coisa de realidade. É um conceito, é uma maquinação mental. Então por isso que na contracultura se podia fazer rock em cima de dois acordes, uma pobreza harmônica completa, todos diziam assim: "Mas que música mais rasteira, mais vagabunda..." Mas mesmo assim foi um sucesso mundial, teve Beatles, teve Doors, teve Jimi Hendrix, teve não sei mais o que, apesar de tudo. E assim nas outras artes.

Um terceiro nível é a própria concepção de realidade, a concepção do mundo da contracultura. A concepção da vida, do ser, a ontologia da contracultura também foi completamente livre. Não precisou de apoios teóricos, nem se desenvolveu teoricamente. Mas ela provocou uma mudança de postura em relação a todas as verdades eternas que estavam estabelecidas.

A contracultura, fiel ao seu método de transformar, ou de tentar transformar, o lixo em ouro – porque essa era a proposta, né? Os dois acordes do rock se transformam em rock progressivo, parecia alguma coisa assim clássica, né? Também faz isso com o resto: a questão da filosofia, da religião... A filosofia foi buscar o pensamento oriental, que não é filosofia, segundo as definições acadêmicas, um horizonte novo.

Como dizem os professores, a filosofia é ocidental, a filosofia é uma palavra grega de uma coisa que os gregos inventaram. Mas a contracultura foi buscar inspiração no pensamento oriental, que era desprezado, considerado um pensamento primitivo, menor – e é até hoje. Uma vez me pediram: "Maciel, organiza um seminário". Ia ser lá no Planetário. "Chama umas pessoas aí para falar sobre filosofia ocidental e filosofia oriental". Aí, pra filosofia oriental logo apareceu uma porção de gente: professor de ioga, de meditação, terapeutas alternativos, etc. Apareceu logo uma porção para falar de filosofia oriental. Os professores de universidade que eu procurei não queriam de jeito nenhum. "Que história é essa de seminário pra falar de filosofia oriental? Isso não existe. Não existe questão nenhuma que os orientais tenham pensado que a filosofia ocidental não tenha pensado melhor, mais profundamente e mais completamente."

Mas a gente gostava do pensamento oriental. A gente gostava do taoísmo, por exemplo, que fala da espontaneidade. Hoje fala-se muito de ética, de moral, mas Lao Tse revela que ética e moral são resultados da decadência da sociedade e do espírito. Diz ele que, numa sociedade saudável, não é preciso ter ética e moral, porque todas as pessoas se comportam eticamente e moralmente. De modo espontâneo, natural. Eu não mato ninguém, não roubo ninguém, não faço sacanagem com ninguém. Não é porque algum sabichão veio arrumar ética pra cima de mim, é porque eu simplesmente não faço isso. A minha consciência não comporta essas ações. Isso depende simplesmente da espontaneidade, da naturalidade, de viver a experiência imediata. Sem as mediações capciosas e malignas do pensamento.

Como se sabe, como nos ensina a verdadeira religião, o demônio é o nosso próprio pensamento, o adversário é o nosso próprio pensamento. É o nosso pensamento que nos induz ao mal. Se você controlar o pensamento através da ioga, meditação, um pouquinho de macrobiótica ajuda, talvez um alucinogenozinho de vez em quando... Isso tudo dá uma força, mas a decisão final pela conquista da própria espontaneidade fica por conta da força da sua vontade.

Em suma: você não precisa de normas repressivas de nenhuma espécie, se você vive naturalmente, espontaneamente, se vive de acordo com a vontade de Deus. Então não precisa dessa merda toda que inventaram.

Flor do Mal revisitada

POR SERGIO COHN

# Flor do Mal revisitada

POR SERGIO COHN

Depoimento realizado na Galeria
Índica, no ciclo "Conversas sobre
Revistas de Invenção",
em fevereiro de 2016

**Maciel, você teve uma participação muito importante na história das publicações independentes que surgiram do fim do anos 1960 até meados dos anos 1970. E hoje gostaria de conversar sobre uma em especial, a *Flor do Mal*. É claro que para contar essa história, teremos que passar pelas outras publicações que você participou, pelo *Pasquim*, pela *Rolling Stone*...**

Curioso que a *Flor do Mal* tem reaparecido na minha vida nos últimos tempos. Atualmente, depois de muita resistência, eu tenho frequentado as redes sociais. Antes, eu adotava duas frases sobre elas, especialmente as redes mais famosas atualmente. O Twitter era definido pelo seguinte: a melhor maneira de não escrever nada para milhares de pessoas. E o Facebook, a melhor maneira de arranjar mais chatos na sua vida. Mas acabei entrando, e tenho reencontrado e encontrado amigos nelas.

Um novo amigo é o Gerald Thomas, o grande diretor de teatro, internacionalmente famoso, inteiramente louco, feito eu, feito Glauber. Porque eu sou meio que um para-raios de maluco. O Gerald me procurou com um amor, com uma admiração que me deixou espantado. E hoje eu comentei com ele que ia fazer essa fala sobre a *Flor do Mal*, e ele disse, "A *Flor do Mal*, aquela maravilha? Quando eu tinha quatorze anos eu adorava a *Flor do Mal*" – ele é bem mais novo do que eu – "Você sabia que a primeira coisa que eu publiquei na imprensa foi um desenho que eu fiz e mandei para vocês, e vocês publicaram na *Flor do Mal*?"

Nunca me passou pela cabeça que a *Flor do Mal* tivesse esse fã, uma verdadeira "macaca de auditório", que é o Gerald Thomas. E conversando com ele eu percebi essa coisa estranha, que eu tinha quase esquecido da *Flor do Mal* durante uma época da minha vida, porque afinal de contas não deu certo, durou pouco tempo, como era frequente nessas publicações culturais da época, de fazer alguns números e então terminar. A "*Presença*", aqui no Rio de Janeiro, teve apenas dois números… Era assim. A *Rolling Stone*, brasileira, que eu fiz, e não tem nada a ver com essa coisa da *Rolling Stone* de hoje em dia, durou um ano e aí também parou. A *Flor do Mal* foram cinco números. E fiquei pensando como algo que eu considerava que tinha dado errado, que nem prestava muita atenção na minha trajetória, poderia ter influenciado tão fortemente pessoas que admiro.

A partir disso, comecei a me lembrar da história da *Flor do Mal*. Como você disse, para falar dela, é preciso antes falar d'*O Pasquim*. Porque a *Flor do Mal* nasceu d'*O Pasquim*. Ou, mais exatamente, a *Flor do Mal* nasceu numa cela do quartel de manutenção de armamento da Vila Militar. Porque nasceu quando o exército, baseado na lei de segurança nacional da época, pegou a redação d'*O Pasquim* inteira, com uma ou duas exceções, e botou tudo em cana na Vila Militar. Inicialmente nós ficamos todos em duas celas da brigada aeroterrestre, que era dos paraquedistas. Depois que começaram os interrogatórios, fomos divididos. Quem começou os interrogatórios foi um capitão que era o chefe da comissão do inquérito sobre *O Pasquim*. Ele nos interrogava individualmente no prédio do quartel-general da vila militar. Havia uma sala lá onde eles nos recebiam muito bem, e ficavam querendo saber como é que chegava o ouro de Moscou, ou seja, dinheiro da União Soviética, que segundo o responsável pelo inquérito era o que subvencionava *O Pasquim* para preparar a revolução comunista no Brasil e derrubar o governo militar. Essas coisas de milico. Lembro até que eu virei pra um capitão e disse assim: "Se esses viados desses filhos da puta do Jaguar, Tarso de Castro, Sergio Cabral, que são os donos do jornal, se eles tão ganhando grana de Moscou, eu vou dar porrada neles, porque não me deram nem um tostão, porra!"

Então estávamos presos. Depois que a gente prestava esse depoimento, não voltava mais para aquela cela da brigada aeroterrestre, porque lá a gente iria encontrar todos os companheiros. Senão eles iam perguntar como foram os inquéritos, saber as questões colocadas, nós íamos dizer, e eles poderiam preparar respostas mentirosas para quando fosse a vez deles. Então nos mandavam para outro lugar. Aí, eu fui parar no batalhão de manutenção de armamentos. Quando eu cheguei lá tinham duas fileiras de soldados. Eu fui, passei no corredor polonês para entrar numa cela onde eu fui trancafiado logo, e quem estava lá eram aqueles que já haviam sido interrogados. Era o falecido Fortuna, o José Grossy, que era diretor do Jornal, e o Sergio Cabral, que era o editor-chefe. O Sergio Cabral era praticamente quem mandava n'*O Pasquim* naquele momento. Então eu fiquei lá na cela com eles, e depois recebi uma visita do comandante do quartel, que era o coronel Chacrinha. Esse era o apelido do coronel, os soldados o chamavam assim porque ele era parecido com o Chacrinha da televisão. Era um vovô. Ele invocou logo com o meu cabelo, porque eu era da contracultura e tinha um cabelo até as costas.

E ele disse assim: "Ih, porque é que você usa esse cabelo"? Ai eu disse: "Coronel, uso porque acho bonito". E ele: "Bonito? Uma coisa feia dessas"? Para você ver a diferença de gosto estético entre o preso e o seu carcereiro...

Nós ficamos vários dias, semanas, naquele quartel. Estava o Ziraldo também, na mesma cela. Ziraldo, Sergio Cabral, Grossy e eu. Os outros, Paulo Francis, Jaguar, Flavio Rangel, Tarso de Castro, tinham ido para outros paradeiros. Então, num momento... Eu acho que isso aconteceu depois que cortaram meus cabelos, porque teve um momento em que a gente estava na cela e chegou um cabo com dois soldados armados de fuzil, apontaram pra mim e me fizeram sair da cela. E eu fui sendo escoltado pelo pátio do quartel, sendo conduzido não sabia para onde. Provavelmente para ser fuzilado, era o que me passava pela cabeça. Mas logo esse medo saiu da minha cabeça quando, atravessando o pátio, eu vi que nós estávamos indo na direção da barbearia do quartel. Para o salão de barbeiros, onde já me esperava o barbeiro, civil. E aí, ele me sentou na cadeira de barbeiro, chegou assim no meu ouvido: "Como é que o senhor quer que eu faça o seu cabelo?" E eu: "Pode cortar de qualquer jeito, já que está sendo cortado à força mesmo. Eu não quero cortar o cabelo, passa uma máquina zero". Aí ele chegou e disse assim: "Olha, então vou fazer para o senhor o corte social para oficiais", que não era o corte dos recrutas, com a cabeça raspada. Aliás, a certa distância, ficava transitando um tenente, que eu fui a saber depois que era o oficial do dia, e que tinha ficado tomando conta do quartel durante o fim de semana. Ele que tinha dado a ordem para me cortarem o cabelo. E aí foi engraçado porque o barbeiro terminou de fazer o corte, trouxe um espelho pra me mostrar como ficou o corte atrás, se eu aprovava, e eu fiz um choro, não quis olhar. De repente, olhei para o espelho, olhei para o cabelo do tenente, e estava igual! Era o mesmo sujeito, evidentemente, que tinha cortado o cabelo do tenente.

Nisso aconteceu que os subversivos sequestram o embaixador norte-americano. Antes, já tinham sequestrado o embaixador alemão. Aí, à noite, estamos todos na cela, e entra um tenente paraquedista – fortinho, bonitinho, bem jovem – dizendo assim: "Ah, eu sou admirador de vocês, estou sempre em Ipanema, frequento os bares de Ipanema, tomo chope nos bares de Ipanema igual a vocês", dando uma de avançadinho, na concepção dele, nos passou uma porção de folhas de papel almaço e canetinhas BIC e disse: "É o seguinte: vocês têm que escrever de próprio punho que vocês rejeitam a ação desses terroristas que estão fazendo essas guerrilhas e querem derrubar o governo, e que vocês são contra isso, porque isso pode ajudar a libertação de vocês". Aí, cada um pegou o seu papel e foi escrever sua declaração. O Fortuna escreveu a dele e morreu de rir, porque a declaração dele era uma frase só. O Ziraldo talvez não goste que eu conte isso, mas ele foi escrever a dele no banheiro, porque estava se borrando. Eu sentei lá e escrevi a minha. E disse assim: "Eu repudio a ação dos terroristas, confio na justiça do Brasil, e sou inocente e isso será reconhecido na justiça" e tal, essa conversa fiada, mas no final botei assim: "Agora, eu tive meus cabelos cortados à força dentro do quartel. Não sei de lei nenhuma que autorize a que cortem o cabelo de um preso que não foi sequer julgado, muito menos condenado. Então, eu quero deixar claro meu protesto contra essa decisão arbitrária de terem cortado meu cabelo". Chega no outro dia e vem lá um sargento e diz: "Preso Luiz Carlos Maciel, venha comigo, o senhor foi chamado". Aí foi e me levou lá no QG da vila militar, na sala onde tinha o capitão que era o encarregado do nosso inquérito. Toda vez que eu ia lá depor, ele levantava sorridente, estendia a mão, apertava, mandava eu sentar, tudo assim supercivilizado, sabe? Mas nesse dia ele estava uma fera: não sorriu pra mim, não me apertou a mão, e disse assim: "Mandaram mexer nos seus cabelos?" Eu disse: "Pois é, capitão"... E ele: "Você fez uma denúncia na sua declaração por causa dos seus cabelos". E eu: "Pois é, capitão, são os meus direitos, não dei permissão para ninguém cortar meus cabelos, cortaram". E contei a história. Aí entrou uma ajudante dele e disse qualquer coisa baixinho no ouvido dele, e ele disse: "Manda ele entrar", e me disse: "Você vai pra outra sala". Eu fui pra outra sala e quem entrou foi o tenente que tinha mandado me cortarem os cabelos. Aí, eu não vi a cena, mas eu ouvi, porque o capitão estava puto, e dizia assim: "Quem o senhor pensa que é pra ficar cortando cabelo de preso sem autorização? O senhor não tem autonomia pra isso, pra tomar uma decisão dessas... Vai ficar detido dentro do quartel durante o fim de semana"!

Mas foi antes disso que aconteceu o que é importante contar aqui: quando eu voltei para a cela tosado das minhas madeixas, todo mundo ficou chocado. Sergio Cabral ficou chocado. O Sergio Cabral que era, lembrem, o editor-chefe, mandava n'*O Pasquim*. E essa coisa de você ficar preso dentro de uma cela com outros caras, você cria um vínculo estranho com as outras pessoas que participam da mesma desgraça que você, se fortalece uma amizade. Mesmo que depois quando é solto se separem, e acabou aquilo, no momento em que você está lá dentro da cela há uma identificação misteriosa entre os colegas de cana. Já era algo sabido que quem fica na mesma cela cria um laço. Porque nós éramos presos políticos, né? Numa época em que a gente ficou incomunicável, sem receber visitas, sem receber jornal. Ficamos só nós. Aí, o Sergio Cabral disse: "Maciel, eu quero assumir com você um compromisso, uma promessa, um acordo: quando a gente sair daqui, você me pede o que você quiser lá n'*O Pasquim*, que eu dou". Pensei: "Vou pedir o que? Ser sub-diretor? Quero mandar e desmandar n'*O Pasquim*?" Eu não pensei nada disso. A primeira coisa que me veio na cabeça, foi a que eu falei imediatamente: "Eu quero que *O Pasquim* produza um jornal pra mim. Um semanário, em que eu possa expandir as páginas do Underground. Um semanário dedicado à contracultura. Você topa que *O Pasquim* faça isso?" E ele: "Claro, claro, vamos fazer, nós vamos fazer isso, você vai ter seu semanário de contracultura". E eu: "Então tá fechado". Foi assim que nasceu a *Flor do Mal*.

Quando eu saí, falei com um cara que não era d'*O Pasquim*, mas que era meu amigo pessoal – nós tentamos fazer revista e jornal a vida inteira e nunca conseguimos. Um desses jornais, que pensamos alguns anos depois, se chamaria *Kaos*, com 'K', porque tinha o Jorge Mautner no meio. Mas não era o Mautner esse cara, era o Rogério Duarte, que eu queria como diretor de arte, um cara que concebesse esse jornal contracultural. E realmente a *Flor do Mal* é, e eu digo assim abertamente, definitivamente, uma obra de Rogério Duarte. O artista que assina é o Rogério Duarte. Porque tudo foi bolado por ele, tudo foi pensado por ele, a começar pelo título, pelo nome do jornal. Foi ele que bolou, retirado de Baudelaire. O primeiro número tem uma epígrafe que foi escrita com um jeito que ele inventou: quando você vai ler o primeiro número da *Flor do Mal*, você tem que ficar girando o jornal – ou então você fica girando em volta do jornal (risos). Mas é mais prático girar o jornal do que ficar girando em volta dele. Rogério morria de rir: "Sim, mas eles vão querer saber o que está escrito e vão ter que ficar virando o jornal!" E ele que desenhou para mim as linhas em que eu deveria escrever a epígrafe do jornal, que era uma citação de Baudelaire sobre a imprensa, sobre o significado da imprensa. Tá lá. O horror que é a chamada imprensa. E foi assim que nasceu a *Flor do Mal*: numa conversa dentro de um quartel. E depois foi totalmente criada pelo Rogério. Separadamente de qualquer esquema d'*O Pasquim*.

O engraçado é que o título foi tirado do livro de poemas do Baudelaire, o Rogério achou que essa era uma das flores do mal mencionadas pelo Baudelaire, mas certos ciclos esotéricos não aceitaram o nome, porque tinha a palavra "Mal". Eu lembro que chegou a notícia lá pro Rogério, que o Walter Smetak, na Bahia, dizia que tinha ficado contra, que ele achava o Rogério enlouquecido, pois como "Flor do Mal"? Que o nome tinha que ser Flor Azul...

**A Flor Azul do Novalis, símbolo dos sonhos inalcançáveis dos homens...**

Mas o Rogério escolheu *Flor do Mal* mesmo. Torquato Mendonça, que era bem piradinho, adorou logo, deu toda a força, e eu claro que concordei.

**O Torquato Mendonça fazia o que no jornal?**

Ah, era dono, como nós. O Torquato era um hippie, um poeta, que o Rogério levou também para o jornal. Porque eu e o Rogério nos permitimos cada um trazer outro amigo para formar um quarteto. Então o Rogério levou o Torquato Mendonça e eu levei o Tite de Lemos. Então éramos nós quatro que decidíamos tudo. Na verdade, tudo que o Rogério achasse que devia ser, porque ele era muito persuasivo (risos). O Tite eu conheci no teatro, no grupo do Repertório, que era o grupo do Paulo Grisolli, onde a gente trabalhou.

**O Tite de Lemos era poeta também, aliás um excelente poeta...**

Sim. E tem uma coisa que a *Flor do Mal* herdou d'*O Pasquim*, que é uma coisa positiva, talvez a coisa mais positiva que aconteceu lá n'*O Pasquim* para o jornalismo, e que foi o motivo pelo qual *O Pasquim* teve a repercussão que ele teve, que foi o seguinte: de vez em quando, ao longo dos anos, eu recebo visitas de estudantes de comunicação, principalmente as moças, chegam pra mim e dizem: "Ah, meu deus do céu, como eu queria ter visto uma reunião de pauta de vocês d'*O Pasquim*". Aí eu respondo assim: "Nunca houve isso. Nunca houve uma reunião de pauta n'*O Pasquim*". *O Pasquim* era um semanário feito para e por estrelas do jornalismo que estavam insatisfeitos porque não tinham liberdade nos órgãos da grande imprensa. Então, essa foi a ideia fundamental do Tarso. O Tarso bolou isso. Ele percebeu naquele momento, no fim dos anos 60, que havia uma insatisfação total entre os jornalistas mais interessantes em atuação no Rio de Janeiro. O Paulo Francis estava insatisfeito porque não escrevia o que queria, o Millôr estava insatisfeito também, o Jaguar não podia fazer o cartum que ele queria... O Tarso percebeu que daria para juntar esse pessoal todo num mesmo jornal. "Vamos fazer um jornal, e cada um faz o que quer". Então, se a ideia era essa, para quê reunião de pauta? Não tinha reunião de pauta. Cada um fazia o que bem queria, no dia marcado para o fechamento entregava o que tinha feito para o Tarso. O Tarso nem discutia, pegava e ia editar. Todos faziam isso. E o Tarso não ia discutir com o Jô Soares, com o Paulo Francis, nem com ninguém sobre o que que ele devia fazer não devia fazer. Eu considero o Tarso um gênio do jornalismo e o verdadeiro responsável pelo sucesso d'*O Pasquim*. Porque ele pegava o que viesse, olhava e matutava, e armava a edição do jornal. "Esse negócio que o Francis escreveu vai na página três, o quadrinho do Ziraldo na cinco..." E depois preparava as chamadas, as capas, resolvia o resto para formar o conjunto do jornal.

**A identidade visual era o Tarso que fazia também?**

Sim, também. A edição, o resultado final era o Tarso que fazia, era o Tarso quem dizia como tinha que ser feito. O que cada um fazia em casa, fazia como bem entendia e entregava pro Tarso. Aquilo era texto pro Tarso se divertir. Aí era a hora do Tarso mostrar o seu talento de editor. E tudo n'*O Pasquim* foi ele que fez. Underground, quem fez foi o Tarso. O *Underground*, o Tarso sabia que eu era ligado nessas maluquices que estavam acontecendo nos Estados Unidos, contracultura, textos. O Tarso sabia que eu curtia essa coisas. Então, um dia chegou pra mim assim: "Maciel, quero que você edite duas páginas deste assunto, que não tem na imprensa brasileira. As notícias chegam e são jogadas nos cestos de lixo. Então você vai fazer, tem autonomia completa pra fazer o que você quiser nessas duas páginas". E ainda batizou: "Vai se chamar Underground". Então ele fazia o jornal, resolvia todo material que chegava. Agora, antes cada um tinha total liberdade. A gente não fazia reunião de pauta pra decidir o que ia ser importante ou não.

O Tarso era meio autoritário: é claro que ele não ia dizer pra nenhum desses colaboradores o que deviam fazer, mas no geral a concepção do jornal ficava inteiramente com ele. Agora, o Tarso teve desde o começo um antagonista poderoso, e que acabou derrubando ele, que foi o Millôr. Porque o Millôr tinha uma ascendência intelectual muito grande sobre os outros, principalmente os cartunistas. Os cartunistas, Jaguar, Ziraldo, Fortuna, Henfil, todos eles, achavam o Millôr um gênio. E eles eram só cartunistas, eles não eram intelectuais. O Millôr era cartunista respeitado pela sua arte, e ao mesmo tempo era um intelectual, um escritor, um dramaturgo. Escrevia peças, escrevia a coisa que quisesse. E o Millôr tinha uma personalidade forte, ele era praticamente intimidador na relação com os outros. Paulo Francis não se meteu com ele, mesmo Francis que é todo metido a valentão... Paulo Francis bombava com todo mundo, mas não bombava com o Millôr não. Preferia apoiar o Millôr, ou seja, ser aliado do Millôr. Aí uma frente de Millôr e Paulo Francis, quem é que vai encarar? O Tarso e o Maciel? E eu ainda estava ali porque fui levado pelo Tarso, porque na realidade quando *O Pasquim* começou ninguém sabia quem eu era. Eu era um ilustre desconhecido. Eu era um amigo do Tarso lá de Porto Alegre. E ele me botou lá dentro junto com os "estrelos" todos. E ele numa circunstância tal em que a concepção do jornal e a vida do jornal dependia do Tarso, eles não iam fazer nada pra me expulsar, me engoliram.

**Existe um velho mito de uma luta, n'*O Pasquim*, entre a geração uísque e a geração maconha. Rolou mesmo isso?**

Havia um certo confronto, porque os mais velhos todos achavam que era maluquice, que eu tinha aberto as portas d'*O Pasquim* para os malucos. Que era tudo maluco, devia estar tudo no hospício, segundo a opinião deles. O Millôr, principalmente. Quanto mais forte era o ego do jornalista ou intelectual que estava ali, mais indignado ficava com a maluquice que a gente quis instalar dentro d'*O Pasquim*. O Millôr, que era um ego do tamanho de um bonde, Paulo Francis, que era outro... Eram egos imensos. E o Tarso morria de rir com isso. O Tarso se divertia. O Tarso não passou para a contracultura, embora tenha deixado crescer barbicha, tenha ficado com o cabelo mais comprido e tudo. Mas ficou a mesma coisa, a vida inteira, do mesmo jeito. Não mudou nada. E ele achava graça dos "estrelos" ficarem invocados com os jovens malucos... Eu acho que ele insuflava isso, gostava dessa contradição lá dentro.

**Quem eram os jovens malucos além de você?**

Ah, ia muita gente lá n'*O Pasquim*. Torquato Neto, Rogério Duarte... Gente que eu nem me lembro mais o nome. Veio o Paulo Leminski e a mulher dele, a Alice Ruiz. E pintavam lá por causa da *Underground*.

**Na época da prisão, o Millôr foi o único que não foi preso, né?**

O Henfil também não... O Tarso desculpava o Henfil, porque ele era hemofílico e tal... Mas ele não desculpava o Millôr. Ele dizia: "Isso aí é malandragem do Millôr, daquele irmão dele, que transita pelo poder, pela *Tribuna da Imprensa*, que é do Carlos Lacerda". Engraçado que depois o Tarso trabalhou na *Tribuna da Imprensa* e me levou, porque o Tarso ficou amigo do Helinho...

**Como foi a sua saída d'*O Pasquim*, o que aconteceu?**

A saída d'*O Pasquim* foi porque depois da volta da prisão, a briga entre o Tarso e o Millôr se acirrou. Porque o Tarso passou a abertamente a levantar suspeitas sobre o Millôr, porque ele não tinha sido preso. Nem ele nem o Henfil. Mas o Henfil era hemofílico, então o Tarso perdoava. Mas ele não desculpava o Millôr. Ele dizia: "Isso aí é malandragem do Millôr, daquele irmão dele, que transita pelo poder, pela *Tribuna da Imprensa*, que é do Carlos Lacerda". Engraçado que depois o Tarso trabalhou na *Tribuna da Imprensa* e me levou, porque o Tarso ficou amigo do Helinho. O Millôr tinha muita influência, muita ascendência sobre os cartunistas todos. Porque todos eram admiradores do Millôr, como eu disse. Então o Millôr tinha muita autoridade. Então o Millôr disse que o Tarso estava roubando *O Pasquim*. A velha acusação da corrupção quanto ao poder, porque o Tarso era o diretor geral, então ele disse que o Tarso era um corrupto que estava mamando, e que devia ser despachado. E aí os dois outros, o Jaguar e o Ziraldo, concordaram e despacharam o Tarso. Eu ainda fiquei colaborando, mas me chamaram na diretoria e disseram assim: "Olha, Maciel, você pode parar de escrever porque o Millôr já deu ordem de que a você ele não paga, O Pasquim não paga nem um tostão". E eu disse: "Não faz mal, eu vou escrever de graça pr'O Pasquim". Aí eu ainda escrevi de graça por algumas semanas, depois enchi o saco e parei.

**O Tarso então começou fazer por sua conta o *JA – Jornal de Amenidades*. E você começou o *Flor do Mal*, certo? Ele foi editado pela Codecri, a editora do *Pasquim*?**

Sim, o Sergio Cabral honrou o que havíamos conversado na prisão. O Pasquim estava em boa situação financeira. Não por conta do ouro de Moscou, e também não por publicidade, porque tinha pouca, mas porque vendia muito bem em banca. Então eles puderam financiar a *Flor do Mal*. Mas é importante lembrar que a *Flor do Mal* não surgiu depois de sair d'*O Pasquim*, foi antes. Eu ainda estava escrevendo a coluna Underground quando criamos ela. Fazia os dois trabalhos em paralelo.

**E a *Flor do Mal* repetia isso de cabeças livres que faziam o que queriam, sem reunião de pauta?**

Pior. Era pior ainda. Porque éramos todos ilustres desconhecidos, e todos tinham, dentro da *Flor do Mal*, o poder, a autoridade pra fazer o que a gente queria fazer n'*O Pasquim*. Traziam umas matérias e a gente publicava. Traziam os desenhos e a gente publicava. Olha, tem duas coisas, dois pareceres que eu vou citar sobre a *Flor do Mal*, que eu acho definitivos. O primeiro era o do Helio Oiticica. O Helio Oiticica disse que "é a única publicação não-machista do Brasil. Todos os jornais e revistas, a imprensa é toda machista, e a *Flor do Mal* não é". Porra, achei lindo isso.

**Se você tirar d'*O Pasquim* a homofobia e o machismo, não sobra quase nada. Sobra só a sua coluna *Underground* e uma ou outra frase...**

O *Pasquim* era muito machista. O *Pasquim*, eu estava presente na entrevista que eles fizeram com a Bety Freitas, eles foram pra entrevista querendo matar a Bety Freitas, esmigalhar a Bety Freitas, pelo topete de ser feminista. Na Flor do Mal, o espírito que não era machista. Não havia a imposição machista. Havia uma liberdade... Anos depois, surgem jornais como o *Lampião da Esquina*, que era uma publicação dirigida, tinha um objetivo: dar voz aos homossexuais. Porque não existia espaço para os gays na imprensa. Já a *Flor do Mal* era dar voz a todos, quem quer que você fosse. Você tinha o direito de ser louco na *Flor do Mal*. Ou melhor, para sair na *Flor do Mal*, você tinha o dever de ser louco (risos). Mas ninguém, nenhum careta jamais se atreveu a publicar na *Flor do Mal*.

**A primeira tiragem foi de quantos mil exemplares?**

Prefiro esquecer (risos). Foram de cinco mil exemplares. Que não se esgotaram nas bancas. Era um jornal muito radical para a época. E foram cinco edições. O outro parecer sobre a *Flor do*

*Mal* foi o seguinte: minha amiga Rosemary Muraro me convida uma noite pra ir jantar na casa dela, porque ela estava recebendo um anti-psiquiatra que tinha vindo do Recife. Eu achei aquilo meio estranho: um anti-psiquiatra no Recife? Se fosse o Donald Lang, o David Cooper, mas do Recife... Aí, eu cheguei lá no jantar e tinha um homem de uns quarenta, cinquenta anos, simpático, contemporâneo, erudito. Mas, de anti-psiquiatra eu não estava vendo nada. Só fui ver que ele era anti-psiquiatra quando ele fez a seguinte declaração: "Você sabe esse jornal, *Flor do Mal*, que você edita lá com seus amigos? O jornalzinho dos loucos da minha clínica lá do Recife é igualzinho" (risos). Aí que eu vi que nós tínhamos atingido nosso objetivo (risos). Ele não estava, obviamente, elogiando não, estava fazendo de inteligente, de gostoso e tal. Mas essas reações do establishment nunca intimidaram a contracultura, pelo contrário.

E o nosso padrão era muito maluco mesmo. O Rogério trabalhou durante três meses na concepção da *Flor do Mal*. Não descansou enquanto não encontrou um desenhista totalmente maluco, que era calígrafo. O Rogério tinha paixão pelo traço, pela caligrafia. Ele que foi o primeiro calígrafo medieval que o Rogério encontrou. E era um sonho do Rogério formar uma equipe de calígrafos medievais. Ele queria que o jornal inteiro fosse escrito à mão. E ele tinha uma assistente que era Ana Maria Duarte, mulher do Torquato Neto. Torquato, aliás, fazia a coluna *Geleia Geral*, no jornal *Última Hora*, mas que vivia lá na sede d'*O Pasquim*, que era onde a *Flor do Mal* era feita. Ia ver a mulher, também, que trabalhava lá. Ele acompanhava tudo que a gente fazia. E a Ana Maria segurava todas, porque para você fazer o preenchimento em si, como o Tarso fez n'*O Pasquim*, como o Rogério fez na *Flor do Mal*, tem que ter uma mulher. Uma mulher de responsa. Se não tiver você não faz. Porque tem coisas práticas que pertencem à intuição feminina. Não sei o que seria d'*O Pasquim* se não fosse a Marta Alencar, que era mulher do Hugo Carvana na época e estava sempre junto do Tarso. Não sei o que seria da Flor do Mal se não fosse Ana Maria, junto do Rogério. E o Rogério tinha confiança total nela. Tanta confiança que quando ficou pronto o primeiro número da *Flor do Mal*, e vieram os primeiros exemplares da oficina, e todos nós festejamos, o Rogério não tava lá, tinha se evaporado, desaparecido simplesmente. Quer dizer, num momento em que sua obra vai aparecer e vai ser comentada, o Rogério some. Vê como é maluco isso? Aí, quem é que estava segurando a barra? A Ana Maria. Aí viramos pra Maria: "Olha, Maria, onde é que tá o Rogério"? E ela: "Ele não quer que vocês saibam". Eu: "Mas então você sabe, e vai nos levar lá". E fomos, Torquato Mendonça, Tite, eu e a Maria, na toca do Rogério, que era simplesmente o centro de meditação de Santa Teresa, de um monge que tinha vindo do Ceilão, um monge budista, e tinha aberto esse centro de meditação budista. E o centro tinha sido construído pelas pessoas que participavam das meditações. Então a primeira meditação que ele deu era trabalhar de pedreiro. Todos tinham que carregar tijolo, fazer cimento, para construir o tal centro de meditação. Ele era um monge do Ceilão, então era um monge de uma tradição mais disciplinada, mais monástica. E o Rogério estava no nirvana com isso, porque ele trabalhava como pedreiro o dia inteiro e achava isso o máximo de meditação que se pode inventar. Com as mãos calejadas... Aí nos recebeu muito bem, fingiu que estava meio bravo com a Ana Maria, mas gostou. E disse para ela o que deveria ser feito nos próximos números da *Flor do Mal*, e durante todos os números seguintes ele ficou lá em Santa Teresa, nesse centro budista. Depois ele teve desavenças com o tal monge (risos). Dizem que ele mandou a seguinte frase: "você tá pensando que é meu guru, mas eu é que sou seu guru; vamos resolver isso na porrada, ver quem é o guru de quem". Depois, no outro dia, o Rogério tava mais calmo e fizeram as pazes, levou até um presente, que eu não me lembro o que era. Viu que o guru era o monge mesmo.

**A *Flor do Mal* teve grandes colaborações. O Hélio Oiticica enviou a transcrição do Heliotape, da conversa que ele fez em Nova York com o Haroldo de Campos, um texto gigante que saiu dividido em alguns números, por exemplo. Como era isso? Vocês pediam colaborações também?**

Ah, isso é muito simples, porque alguém dizia assim: "O Hélio tem que fazer alguma coisa aqui. Telefona pra ele e diz pra ele mandar alguma coisa". E o Hélio mandava o que queria. Mandou aquelas tapes todas pra publicar tudo. Era assim. Tudo corria muito frouxo demais. Era como o Rogério gostava, ou como eu gostava, como o Torquato Mendonça gostava. Não sei se era como o Tite gostava também, mas... A gente ia na onda. E aí, pronto. Era um *Pasquim* ao quadrado, na verdade, pelo grau de liberdade... Muitas vezes eu não sabia nem como seria o projeto gráfico, com o Rogério comandando lá a Ana Maria. Muitas vezes só via depois de impresso. Eu, que era um dos editores do jornal. E tudo bem, eles faziam com toda a autonomia, o departamento de arte tinha uma autonomia absoluta.

**A *Flor do Mal* terminou por quê?**

Porque não vendia. Simples. Conseguimos fazer só cinco edições semanais. A revista durou cinco semanas. Mas, pelo que vemos na conversa aqui, de alguma forma ela continua viva. O que é sempre uma alegria.

✳

Trajetória de um polímato

POR SERGIO COHN

# Trajetória de um polímato

POR SERGIO COHN

Entrevista inédita,
realizada entre fevereiro
e abril de 2016.

**Maciel, como abertura, você poderia falar um pouco da sua família, da sua infância e juventude?**

Eu nasci em Porto Alegre, filho de um advogado. Ele era bancário, pobre, mas estudou direito e se formou já com 30 anos. Nem me lembro se meu pai já era advogado quando eu nasci. E minha mãe era professora de escola primária. Também classe média. Eu nasci em 1938. A única memória que eu tenho da minha primeira infância é de 1941. Eu tinha três anos de idade, e houve uma grande enchente em Porto Alegre. Uma enchente histórica, as ruas viraram rios. E é a única imagem que vem na minha cabeça dessa época, a imagem que eu via da janela do nosso apartamento. Era um apartamento de segundo andar, algo assim, num prédio pequeno, e eu sempre ficava na janela.

E naquele dia vi um rio passando onde era a rua. As pessoas andando de barco. A enchente foi braba mesmo. Daí eu não me lembro de mais nada.

Quando eu tinha tipo cinco anos, o meu pai, que trabalhava no banco Banrisul e no Instituto dos Bancários, conseguiu uma licença, não sei que arranjo ele fez, para vir para o Rio de Janeiro. Porque o grande sonho dele era morar no Rio de Janeiro. Ele tinha fascínio pela cidade. Ele tinha conhecido o Rio de Janeiro na Revolução de 30, do Getúlio Vargas. Ele era apenas um adolescente, e estava com uma turma de colegas mais ou menos da idade dele, num café na cidade de Pelotas, quando um sargento do regimento local chegou no café e disse: "Você, você, você...". Pegou todos os garotos. "Vem que nós precisamos de vocês pra fazer a revolução. Vai tudo virar soldado". E eles foram. Meu pai ficou na dúvida, no vou, não vou, mas ele tinha curiosidade. Aos 16 anos, imagina, fazer uma revolução... Então foi. Botaram uniforme nele, porque o Getúlio levou o Rio Grande do Sul todo, inclusive o que tinha de Exército Nacional lá. Todos os militares aderiram à revolução. Aí deram fardas para os meninos, botaram um mosquetão na mão de cada um, um trabuco daqueles. Começou a ter um treinamento, todo dia, como faziam com recruta, só que a entrada dele foi antecipada. Aí eles vieram de trem para o Rio de Janeiro, tiveram uns tiroteios no caminho. Meu pai contava sempre que tinha um amigo que morreu. Que estava no tiroteio conversando com o amigo, e de repente ele viu que o amigo não respondia, tinha levado um tiro. Mas aí, chegou aqui no Rio, imediatamente abandonou a unidade militar e caiu na gandaia. Ele e a garotada toda. Copacabana, praia, Lapa, cabaré... E eles todos tiveram certificado de serviço militar. Ou seja, o período de serviço militar dele foi a Revolução de 30, depois não precisou mais fazer serviço militar porque ganhou um certificado. Aí, voltou pra Porto Alegre, e voltou com uma imagem paradisíaca do Rio de Janeiro. Era um mito pra ele.

Depois, ele com 30 anos casou com a minha mãe, que tinha 20, e quando eu era pequeno ele já falava do Rio de Janeiro o tempo inteiro. Como o Rio de Janeiro era maravilhoso. Copacabana era o próprio paraíso na concepção dele. E outra lembrança de imagem que eu tenho de pequeno, mas aí eu já devia ter mais de cinco anos, foi de olhar pela janela daquele avião bimotor que nos trazia e ver a paisagem do Rio de Janeiro à medida que o avião se aproximava do aeroporto Santos Dummont. Maravilhoso. Meu pai disse: "Olha aí, olha que lindo!" E a gente olhava a maravilha que era o Rio de Janeiro, as montanhas, o mar, a Lagoa. Tudo, né? Meu pai já tinha conseguido fechar um apartamento em Copacabana, não era na Avenida Atlântica, na beira da praia, mas na Nossa Senhora de Copacabana, onde ficamos uns quatro anos. Eu voltei pra Porto Alegre com uns 10 anos. Assim, eu fiz o meu primeiro aprendizado de colégio, ler e escrever, o que se chamava primário, no colégio Guido de Fontgalland em Copacabana.

**Isso antes de Copacabana virar um bairro importante da cidade, né?**

Copacabana era longe à beça do Centro da cidade, mas era o balneário. As pessoas todas do Rio de Janeiro, para ir à praia, iam para Copacabana. Ipanema era uma selva. Leblon, nem se fala. Em Copacabana havia civilização, tinha bonde, pegava-se o bonde e ia até o centro da cidade. Ele vinha por Flamengo, Botafogo até Copacabana. E todo mundo ia para a praia. Quando chegava fim de semana a praia de Copacabana ficava entupida. A faixa de areia era bem menor do que é agora. A pista também era aquela pista única, estreita, tanto é que quando o mar ficava de ressaca ia até os edifícios da Avenida Atlântica. A água entrava nos bares, entrava no cinema, era uma bagunça. Depois fizeram o aterro, as duas pistas, aumentaram a faixa de areia da praia enormemente. Lembro que diziam assim: "o mar ainda vai se vingar disso". Mas isso nunca aconteceu. Ao menos até agora. Engraçado que eu gostei do Rio de Janeiro também, de Copacabana, da praia, dos passeios, ir no Corcovado, ir no Pão de Açúcar Quando nós voltamos para Porto Alegre, eu herdei do meu pai essa imagem mitológica, paradisíaca do Rio e o projeto de vir morar aqui também.

Tanto é que quando eu já tinha 15, 16 anos, adolescente, comecei a passar as férias na cidade. Meu pai tinha uma prima, dona Norma, que era casada com o Paulo Tapajós, da Rádio Nacional, que além e redigir programas fazia música e cantava. Pai do Maurício Tapajós, do Paulinho Tapajós e da Dorinha. E aí eu ia para o apartamento deles, da tia Norma, que era prima do meu pai, e ela me botava no quarto de empregada e me dava a chave dos fundos. Quer dizer: liberdade total. Eu saía pelo Rio de Janeiro e voltava na hora que eu quisesse. Quando eu voltava, entrava pelos fundos, passava pela cozinha, não incomodava ninguém, ia para o quarto de empregada e dormia.

**E como você começou a se envolver com cultura?**

Bom, isso foi depois da minha volta para Porto Alegre. Eu já tinha desde essa época o gosto pelos livros. Eu antes de ser alfabetizado já adorava livros. Teve uma livraria em Copacabana que ia fechar e eles fizeram uma grande liquidação. Eu me lembro que ainda era criança, entrei lá de tarde, sentei no chão e comecei a olhar todos os livros. Quando chegou a hora de fechar, o livreiro achou tão interessante aquele menino que ficava vendo livros durante horas e horas que me deu um de presente. Era um livro de colégio, sobre história natural. Aí eu fiquei felicíssimo, cheguei em casa com um livro.

**Seu pai era leitor?**

Era leitor, mas moderadamente. Gostava muito de poesia. Tinha um caderno com poemas que ele gostava e que selecionou e digitou. E quando eu já com 16 ou 17 anos, eu comecei a escrever poemas. Eu não tinha máquina de escrever, escrevia tudo a mão. Aí me lembro que ele pegou e datilografou, fez um caderno com meus poemas.

**Quer dizer, ele gostou e respeitou, teve uma abertura. Porque na época dele isso devia ser uma coisa mais complicada...**

Gostou, achou bonito o filho ter vocação pra escrever. Isso eu já estava grandinho, já era adolescente, no colégio Anchieta, em Porto Alegre. O Anchieta era um colégio de jesuítas, e é interessante que minha educação tenha sido feita lá, porque minha mãe era católica. Ainda que não fosse fanática, não ia nem à missa... Católica brasileira. Mas ela achava que a melhor educação quem dava eram os padres, os jesuítas. Tinha esse mito de que os padres jesuítas eram os melhores mestres. Então ela queria porque queria me botar no colégio Anchieta. Meu pai não se incomodava tanto, apesar de ser comunista. Não era membro do partido, mas, filosoficamente, se apresentava como marxista-leninista, ateu e materialista. Mas era um homem assim... cordato. Aí a mulher fazia tanta questão que lá fui eu estudar num colégio jesuíta, como a minha irmã, que foi para um colégio de freiras. Então nós tivemos uma educação totalmente católica. Os jesuítas nessa época eram muito de direita, falar mal de Karl Marx era praticamente obrigatório. E meu pai, quando soube disso, e eu tinha uns 14 anos, me deu, sem que minha mãe visse, livros como o *Manifesto Comunista*, *Socialismo utópico ou socialismo científico*, de Engels. Uma porção de livro comunista. Não me doutrinou, não tentou fazer minha cabeça, nada. Só aproveitou meu amor por livros... E eu fui influenciado por isso. Apesar de ser supercatólico, virei meio comunista. Lembro que no curso científico eu fiz uma prova de história e falei bem do Marx. Quase fui expulso! Meu professor, que era leigo, disse assim: "você tem sorte por eu ser leigo, agora, não repita essa façanha porque você vai ser expulso se o professor for um desses padres".

**E essa escola tinha ensino de arte?**

Teve quando eu já estava saindo. Aconteceu uma coisa interessante, mas antes deixa só eu acrescentar uma coisa sobre o reacionarismo dos jesuítas: em 1964, quando teve o golpe militar, eles foram todos para a esquerda. A Ordem dos Jesuítas, Santo Inácio, foram todos para a esquerda, foram uma das ordens mais atuantes da Teologia da Libertação, aquela onda de renovação que teve na igreja católica na época. Quando, nessa época, eu voltei a Porto Alegre, eu estranhei demais os jesuítas terem fama de comunistas. Os outros católicos diziam que eles eram comunistas. Mas voltando, eu fazia o curso científico. Naquela época, você fazia quatro anos de ginásio, aí tinha três anos de curso científico ou clássico. Você escolhia. Se quisesse fazer uma carreira científica, tipo engenharia, medicina, ia para o científico. Se você fosse fazer letras ou direito, ia para o clássico. Havia uma certa onda assim de que as cabeças mais capazes iam para o científico, e os mais burrinhos se conformava em ir para o clássico. Então, eu logo resolvi ir para o científico, porque sempre me achei inteligente. Mas lá no científico, no terceiro ano, aconteceram duas coisas que me influenciaram demais. A primeira é que tinha uma aula de filosofia, dada por um padre, e que naturalmente enfatizava o tomismo de São Tomás, mas ele dava uma história da filosofia. Começava com os gregos, passava pela idade média, com São Tomás de Aquino, que é Aristóteles misturado com o cristianismo... E eu me interessei por aquilo. A outra coisa foi que os padres resolveram montar um espetáculo de teatro com os alunos. Era uma peça que eu não vi nunca mais, esqueci até o nome do autor, que se chamava: "Os séculos aos pés de Maria". A peça começava com Adão e Eva e ia até um futuro distante pra mostrar a importância de Nossa Senhora, Maria, para a religião católica, e para a salvação conduzida por Jesus Cristo, mas cuja preparação era feita por Nossa Senhora. Eu ganhei um papel numa cena num século do futuro, e como eu já estava no último ano de colégio, ganhei um papel de pai de dois garotinhos que eram das séries mais baixas. E a peça estreou no Teatro São Pedro, que é um teatro tradicional de Porto Alegre, construído no século XIX, em estilo italiano, clássico. Foi um público de estudantes, mais ou menos da nossa geração, principalmente meninas. Tinha o colégio de freiras, né, onde inclusive minha irmã estudava, e as meninas foram todas assistir à peça. Quando eu entrei em cena, éramos dois meninos em cena, e um deles me chamava de "papai". O teatro veio abaixo numa gargalhada impressionante. Eu era um fedelho de pai dos dois garotos. Mas na época eu não me incomodei, inclusive gostei do teatro. Aí conheci um colega um ano mais velho que eu. Então, foi isso, não foi no meu último ano, foi no penúltimo, porque eu fiz esse colega um ano mais velho que eu, o Fernando Peixoto. Peixoto depois tornou-se crítico, escreveu muitos livros sobre teatro, e foi ator e diretor também. Mas na época, o Fernando conhecia o pessoal dos grupos amadores de Porto Alegre, principalmente os grupos de teatro universitário, que era um grupo formado por estudantes universitários que se interessavam e queriam fazer teatro. Então eu entrei pra esse grupo, e comecei a fazer parte da turma dos jovens de teatro em Porto Alegre, onde fiz uma porção de peças. Ao mesmo tempo, me tornei sócio do clube de cinema de Porto Alegre, onde passavam filmes clássicos, o que naquela época era uma coisa difícil, muito ao contrário de hoje em dia, em que você nem mais precisa comprar, você baixa tudo.

**Ao mesmo tempo, nesses clubes, além do filme, havia o debate e o encontro também...**

Havia um crítico em Porto Alegre, que assinava P. F. Gastal, e que era o fundador e diretor do clube, e ele redigia boletins com informações sobre cada filme que era exibido. E eu guardava essas coisas que ele escrevia pra me informar sobre os filmes. Aí depois comecei a comprar livros sobre cinema, teatro, peças e filosofia.

**E a poesia? Você nessa época chegou a frequentar o Grupo Quixote, não foi?**

Sim. Como eu falei, meu pai costumava datilografar meus poemas. Ele acabou me dando uma máquina de escrever, para não precisar mais fazer isso. Mas ele não só fez esses cadernos com meus poemas datilografados, como levou para um colega de trabalho dele que era poeta. Chamava-se Pedro Geraldo Escosteguy. Ele como poeta assinava apenas Pedro Geraldo, Escosteguy era seu nome de médico, que era sua profissão. O Pedro Geraldo fazia parte desse grupo literário de Porto Alegre, o Grupo Quixote. Era formado por poetas e também por alguns prosadores, ficcionistas. Quem era meio líder do grupo naquela época era o Sílvio Duncan. E no Quixote tinha também um cara muito engraçado, já mais velho, chamado Heitor Saldanha. Ele foi alfabetizado quando tinha uns 25 anos de idade. Era telegrafista ferroviário lá em Santa Maria. Quando o conheci, naquela época, já estava com quase 50 anos, mais ou menos, e havia se tornado um poeta. Um grande poeta. E uma grande figura também. Bebia em quantidades industriais. Na zona de meretrício de Porto Alegre tinha um bar que não fechava nunca, que ficava sempre aberto, porque durante a noite, a madrugada, atendia os boêmios, e de manhã começava a atender os trabalhadores. E o Saldanha de vez em quando ficava dois dias dentro desse bar, só biritando. Ele tinha escrito um romance muito bom, chamado *Terreiro de João-Sem-Lei*, que é ambientado nesses ambientes da zona do meretrício.

Eu comecei a frequentar o grupo. No Quixote tinha autores mais velhos, já com família formada, casados, como o Sílvio Duncan, o Pedro Geraldo, o Vicente Moliterno, mas tinha além de mim, o Manoel Walter, o Fernando Castro e o Walmor Marcelino. Esses três eram solteiros. E eram jovens. E eram boêmios. E foi me juntando a eles que eu acabei na boemia. Porque daí o programa era ir no final da tarde ao Bar do Beto, onde todos se encontravam, os casados mais velhos e os solteiros mais jovens, e depois dos mais velhos irem para a casa, nós quatro íamos ver um filme e na saída íamos para um bar chamado Gruta da Imprensa, que também ficava aberto a madrugada toda, e como o nome indicava era frequentado por muitos jornalistas que trabalhavam de noite e usavam lá como ponto de encontro. No Gruta da Imprensa, a gente ficava conversando e mostrando nossos poemas uns para os outros. Ouvindo os elogios e as críticas. Algumas vezes as críticas eram duras. Uma vez estava o Heitor Saldanha lá conosco, e chegou um rapaz, porque a gente recebia muitas visitas de poetas que passavam por lá para mostrar seus poemas também. E ele trouxe um poema escrito à mão. Cada um de nós foi lendo, chegou no Heitor Saldanha e ele começou a elogiar: "Que beleza! Que grande poema! Olha esse verso: O êmbolo das ondas...". O rapaz ficou espantado, perguntando o que é que ele tinha lido mesmo. E o Heitor Saldanha: "O êmbolo das ondas". E então o rapaz pegou o papel e disse: "deixa eu ver aqui. Não, Saldanha, não é isso, eu escrevi: o embalo das ondas". E o Saldanha: "Embalo das ondas? Então é uma merda!" [risos] Era esse o clima. E eu era o mais novinho, tido como uma espécie de Rimbaud da turma. Quando tinha uns 16, 17 anos, cheguei a publicar alguns poemas numa antologia do Quixote que contou com um prefácio do Raymundo Faoro.

**Você cursou filosofia na faculdade. Como foi a escolha?**

Quando terminei o curso no colégio Anchieta, meus pais perguntaram qual curso que eu queria fazer a seguir. Minha mãe queria que eu fizesse engenharia, enquanto meu pai queria que eu fizesse direito. Eu disse que não queria ser engenheiro, advogado, médico, nem nada disso: "eu quero fazer filosofia". Filosofia é uma coisa que não dá grana nenhuma, a única possibilidade que existe é seguir a carreira acadêmica e virar professor. Mas eu tinha o teatro, por outro lado. Eu sou peixes com ascendente em gêmeos, ou seja, são dois signos duplos, então eu tenho essa variedade de interesses… Daí, acabei fazendo vestibular pra filosofia. Entrei no curso de filosofia, onde encontrei e fiz amizade com um jovem professor, que tinha 27 anos, Gerd Bornheim, e era o primeiro ano que ele lecionava na faculdade de filosofia da Universidade Federal do Rio Grande do Sul. O Gerd era de Caxias do Sul, de uma família alemã que tinha imigrado para o Brasil e vieram para o sul, como muitos dos europeus que vieram para cá, porque tinha um clima parecido, onde no inverno era um frio de rachar. Não me lembro o que os pais do Gerd faziam. Aí eu, no teatro, fiquei amigo Antonio Abujamra, que faleceu há pouco tempo. Fiz algumas peças pro Abujamra me dirigir no teatro universitário. Aí o Abujamra me convence a dirigir uma peça com ele atuando. Eu dirigi primeiro uma peça em um ato, de nome "Os Cegos", e foi quando eu inventei que gostava de teatro de vanguarda. Não gostava de teatrão, enquanto o Abujamra já gostava dos dois tipos. Ele era um homem de teatro para qualquer coisa, fazia tudo. Mas aí eu fui fazer "Esperando Godot", de Samuel Becket… Isso em 1957 ou 58. Eu já tinha 20 anos, por aí. E nós montamos a peça em Porto Alegre e ela fez um grande sucesso. A minha direção foi elogiadíssima, o Instituto Estadual do Livro me encomendou um texto para uma coleção de livrinhos finos, imitando os Cadernos de Cultura do MEC, só que do Rio Grande do Sul, com autores de lá. Eu fiz um pra eles, chamado *Samuel Becket e a solidão humana*. Foi o meu primeiro livro. Lá pelas tantas, o Gerd conseguiu para nós de fazermos o "Godot" lá em Caxias do Sul. Ele acompanhou o "Godot" todo, tanto que os primeiros ensaios, antes de irmos para o teatro, foram no apartamento dele. Ele tinha um apartamento que tinha sala e dois quartos. E ele guardava tudo que tinha num dos quartos, que era a biblioteca enorme dele, onde ficava também o aparelho de som dele e os livros de arte. Ele tinha deixado a sala inteiramente vazia, então a gente ensaiava lá. E o Gerd conseguiu de fazermos o Godot lá em Caxias do Sul, conseguiu hotel para todo mundo, menos eu, que ele levou para a casa dele. Fiquei hospedado na casa da família dele. Tive essa honraria porque era diretor e era amigo dele. Estavam a mãe, o pai, a irmã dele, a família toda. E eu passava o dia inteiro sem entender uma palavra do que eles conversavam, porque dentro da casa só se falava alemão. O Gerd falava português, naturalmente, mas falava melhor ainda o alemão. Então o Gerd, depois de ter feito o curso de filosofia em Porto Alegre, ganhou logo uma bolsa pra estudar filosofia na Alemanha, onde foi aluno e assistiu palestras de grandes filósofos como Merleay-Ponty e Bachelard. Quer dizer, estava atualizadíssimo. E era muito jovem. Voltou de lá com 27 anos de idade, foi com uns 23… Daí, começou a dar aulas.

**Ele tinha uma cabeça aberta?**

Tinha uma cabeça super aberta. Inclusive ele foi uma influência muito grande sobre mim, sobretudo no que diz respeito a Sartre. Porque ele gostava muito de Sartre. Ao contrário dos alemães, que esnobavam os franceses. Inclusive, existe uma anedota de que avisaram ao Heidegger de que o Sartre gostaria de conversar com ele, ao que Heidegger responde: "não converso com jornalistas". Mas o Gerd lia tudo, em alemão, em francês e em inglês. E ele escreveu muito sobre o Sartre, e exerceu muita influência sobre mim. Mas eu saí dela, mais uma vez por causa do teatro. Isso porque o meu grupo de teatro foi a um festival de teatro universitário organizado pelo Paschoal Carlos Magno, que foi embaixador, deputado, um homem importante, e que adorava teatro… Então, ele fazia esses festivais para os jovens, adorava jovens e tal. Então, fomos pra Recife apresentar o espetáculo que estávamos montando, "A cantora careca", do Ionesco, que era vanguarda, dirigida pelo Abujamra. Aí, quando encontrei no Recife o pessoal do festival, o Paulo Gil Soares, que era baiano, que era da Bahia. Aí, eu contei para o Paulo que, na vinda, meu voo fez escala no Rio e em Salvador, coisa rápida, mas que na volta eu gostaria de dar uma paradinha em Salvador pra conhecer a Bahia, depois dar uma paradinha no Rio também, para dar uma curtida, e depois eu volto pra Porto Alegre. Aí, o Paulo Gil Soares me disse que, chegando em Salvador, eu procurasse um amigo dele chamado Glauber Rocha, que ele iria me dar uma assistência lá. Aí, fui pra Salvador. Peguei um taxi no aeroporto, pedi pro taxista me levar pro hotel mais barato, e ele me levou pro hotel São Bento, na Ladeira de São Bento, no centro de Salvador. Saltei, era horrível o quarto, hotel velho pra caralho, peguei o telefone e liguei pro Glauber, e falei: "oi, Glauber Rocha, meu nome é Luiz Carlos Maciel, sou de Porto Alegre, conheci o Paulo Gil em Recife e ele me deu seu telefone para você me dar uma assistência aqui na Bahia, que eu não conheço..." Aí, o Glauber perguntou onde eu estava e eu falei, "no hotel São Bento", ao que ele me respondeu que dentro de meia hora estaria na porta do hotel para me buscar. Aí, o Glauber chegou, com seu terno de linho branco, como bom baiano, olhou pro quarto, fez uma cara de nojo e disse: "você não pode ficar aqui nessa espelunca, você vai pra minha casa!" Eu fechei a mala e ele me levou pro apartamento dele, com a mãe dele, dona Lúcia.

**E ele já era cineasta, já havia filmado "O Pátio"?**

Não, ainda não, ainda ia fazer "O Pátio". Mas ele me levou pra lá e fez tanto discurso sobre como toda a nova cultura brasileira ia surgir de Salvador, na Bahia, e que portanto eu tinha que morar na Bahia, que eu fiquei pensando que esse baiano ou era um gênio ou era louco, ou talvez seja as duas coisas. Eu ia ficar três dias em Salvador, acabei ficando uns quinze dias. Ficava na casa dele, comia de graça. A mãe dele tinha uma pensão em frente onde eu comia sem pagar nada. O Glauber me levava pra cima e pra baixo, me apresentou todo mundo, João Ubaldo, Calazans Neto. Todo mundo da Bahia, a baianada toda eu fiquei conhecendo. E ele me convencendo a ir morar na Bahia. Fomos pra escola de teatro, que era dirigida pelo Martim Gonçalves, onde estava um velho crítico de teatro, Brutus Pedreira, que era gaúcho e fazia 50 anos que não voltava a Porto Alegre. Estava lá, velhinho já, me apresentou a biblioteca dele inteira, era livro que não acabava mais, e eu inclusive cheguei a subtrair alguns, uma coleção completa de Bernard Shaw, encadernada. Então ele me disse que arranjaria uma bolsa de estudos pra mim na Escola de Teatro, para eu ficar na Bahia.

**Isso era na época que o Edgard Santos foi reitor da Universidade da Bahia?**

Isso. Ele era um cara incrível. Chamou uma equipe incrível para a universidade. Lina Bo Bardi, Anton Smetak... Ele fez a Escola de Dança, a Escola de Música, com o Koellreutter, a Escola de Teatro. Tudo ali no Canela, perto da Praça Castro Alves. E foi assim que eu fui pra lá. Fiquei um ano, aluno da Escola de Teatro, com uma bolsa porque o Martim tinha assinado um convênio com a Fundação Rockfeller.

**Antes disso, como era essa Escola de Teatro, qual era a proposta?**

Era basicamente um curso de formação de atores, pelo método Stanilavsky, escolhido pelo Martim, e muito influenciando também pelo The Method, do The Actors Studio. O Martim adorava ir pra Nova York... O Actors Studio era tipo um Teatro de Arena, e as primeiras fileiras, no primeiro andar, em baixo, ficavam os atores que participavam dos trabalhos do Actors Studios, e discutiam nas cenas, "é isso, é aquilo". Aí no final o diretor chegava e dava a palavra final, escolhendo os atores do jeito que ele achava que devia ser... No segundo andar, ficavam os visitantes: eram curiosos e pessoas de teatro. Mas essas não podiam se manifestar, ficavam só assistindo, ouvindo os debates. Era quase um ensaio aberto, mas só com a turma efetiva do Actors

Studios. E o Martin vivia lá. Estava vendo tudo, como é que os caras faziam. Então, a Escola de Teatro da Universidade da Bahia tinha essa orientação, que era o sistema Stanilavsky. Fazia memória sensorial, memória subjetiva, memória objetiva. Depois que o Martim fechou parceria com a Fundação Rockfeller, ele quis me mandar pra fazer um curso de direção. Porque ele fez umas aulas com os alunos interessados em direção, e eu me inscrevi. Aí ele achou que, entre os alunos, o que tinha mais jeito pra direção era eu, e me mandou pra fazer o curso de direção nos Estados Unidos, no Carnegie Institute of Technology de Chicago. E eu aproveitei e fiz o curso de playwriting, que foi a origem da minha atividade como professor de roteiro. Aprendi com Arthur Willmore, que tinha sido amigo do Eugene O'Neill e de uma porção de gente famosíssima do teatro americano. Eram velhos já, e ele tinha ido pra esse emprego de velho lá em Pittsburgh. Ele era um professor de roteiro. Ele passava a aula toda com um cigarro na mão, mas sem acender. Ele era um tabagista inveterado, e o médico tinha dito que se ele não segurasse a onda com o cigarro ele morreria logo. Parecia uma Hannah Arendt, que fumava o tempo inteiro. E quando dá aula, dá fumando. Ele então, quando terminava a aula, sentava na cadeira, relaxava e acendia o cigarro. Porque o médico tinha permitido que no final da aula ele fumasse um cigarro. Então era o prazer dele, era usufruir daquele cigarro.

**Você chegou a voltar depois pra Escola de Teatro da Bahia?**

Sim. Eu tinha até um compromisso. Quando eu ganhei a bolsa, eu tinha assumido o compromisso de depois dar aula na escola por pelo menos dois anos. Então eu ainda fiquei dois anos na Bahia dando aula na Escola de Teatro. Tive excelentes alunos, embora não tenham ficado tão famosos. Os mais famosos que se formaram na Escola de Teatro eram da época do Martim: Helena Ignez, Othon Bastos. Eu tive uma ouvinte que depois ficou famosa, que foi a Yoná Magalhães. A história da Yoná Magalhães é interessante. Eu namorei uma moça da sociedade baiana, me casei com ela e tudo. Meus dois filhos são dela. Ela se chamava Yone Argolo. Então ela conhecia todo o pessoal rico da Bahia, e eu acabei conhecendo um playboy superfamoso por lá, chamado Luiz Augusto Mendes. Ele era filho do João Mendes, que tinha feito o IBAD, Instituto Brasileiro de Ação Democrática, que era uma organização destinada a evitar a reforma agrária no Brasil. Ele era latifundiário da área lá de Itabuna, super de direita, não dava colher de chá pra reforma agrária e essas coisas. Agora, o filho dele não precisava trabalhar, o pai era riquíssimo, com as suas fazendas, latifúndios. Então o Luiz Augusto era playboy. Era farrista, vivia aprontando nas farras dele. Na época tinha os grandes bailes de carnaval do Hotel da Bahia, que era feito o baile do Theatro Municipal aqui do Rio. E ele entrou uma vez no baile montado num camelo que ele alugou de um circo que tinha chegado na cidade, vestido de beduíno.

Pois bem, o Gugu, como era o apelido dele, certa vez assistiu uma peça chamada "Society Babydoll", que era estrelada por uma moça chamada Yoná Magalhães. O Gugu viu Yoná no palco e logo se apaixonou perdidamente. Passou a ir ver a peça todas as noites. Todas as noites mandava flores e flores pra ela, e convites para jantar e tudo, até que estabeleceu um namoro com ela. Aí a peça viajou pelo Brasil, foi pra Bahia, depois seguiu pelo Nordeste. E o Gugu, que era tão assíduo, que o Ciro Costa, que era o produtor, o chefe, perguntou se ele não gostaria de ser contratado pra ser contra-regra, já que ele estava em todas as apresentações. Assim, pelo menos ele se distraía, ainda que não fosse receber nada, já que ele não precisava. Assim, o Gugu virou contra-regra do espetáculo. Quando a turnê do espetáculo terminou, ele disse a Yoná: "casa comigo"? O velho João Mendes, pai dele, que era totalmente conservador, quase arrancou os cabelos, por achar que o filho ia casar com uma puta. Pra ele, atriz e puta eram a mesma coisa. E o Gugu encarou, ao que o pai ameaçou cortar a grana dele e mandou ele começar a trabalhar. O Gugu se meteu com negócio imobiliário, tendo os meios, e começou a faturar. E, começando a faturar, casou com a Yoná, pra ficar na Bahia com ele. Porque a Bahia que era o chão dele. Ele só sabia ganhar dinheiro na Bahia. Aí a Yoná disse assim: "minha carreira vai ficar interrompida se eu ficar com você aqui na Bahia, você precisa dar um jeito da minha carreira prosseguir". Aí o Gugu prometeu dar um jeito e disse que ia fazer um teatro na televisão, como aquele que existia no Rio de Janeiro, com Fernanda Montenegro, Italo Rossi, Sergio Britto fazendo peças de teatro adaptadas para a TV. E que a Yoná seria a atriz principal e o diretor seria eu. E eu fiz durante meses. Eu mesmo adaptava as peças e dirigia.

Mas daí, um dia, chegou o Glauber e me mostrou o roteiro do filme que ele queria fazer, "Deus e o Diabo na Terra do Sol". E ele não tinha dinheiro pra realizar. Já que eu estava amigo de um produtor em potencial, que era o Gugu Mendes, e estava fazendo o teatro da mulher dele, ele me pediu que levasse o roteiro pra ele e dissesse que teria um papel no filme para ela, Yoná. Seria o papel da Dedé, a mulher do Corisco. Eu topei, peguei o roteiro e levei pro Gugu, expliquei tudo pra ele, disse que havia um papel pra Yoná, e dei pra eles lerem e decidirem. Passam uns dias e o Gugu chega pra mim e diz que produziria o filme do Glauber, contanto que o papel da Yoná não fosse o da Dedé, e sim o papel principal, da mulher do vaqueiro. O vaqueiro é o papel que atravessa o filme todo, ao passo que a Dedé aparece só no final, junto com o Corisco. E me pediu pra transmitir essa mensagem ao Glauber, de que se ele desse o papel feminino principal para a Yoná, ele produziria o filme. Aí eu falei pro Glauber, que me respondeu que já tinha prometido esse papel pra sua namorada, Regina Rosenburgo. "A Regina vai ficar puta!" Depois de um tempo reclamando ele disse: "ah, foda-se! Depois eu faço um filme pra Regina"... E me mandou dizer pro Gugu que ele toparia dar o papel principal pra Yoná, e assim foi feito. E o Gugu era filho do

João Mendes, latifundiário, presidente do IBAD, playboy, tinha o maior trânsito na direita. E o Glauber era um cineasta revolucionário, comunista. Mas ficaram amissíssimos, tão amigos que tinham um trato secreto entre os dois. Porque o confronto entre esquerda e direita se aproximava no Brasil. Então, se a direita ganhasse, o Gugu livrava a cara do Glauber, e se a esquerda ganhasse, o Glauber não deixava botar o Gugu no paredão. Eles tinham esse compromisso de se protegerem.

**E se protegeram?**

Acho que sim, porque não aconteceu nada com nenhum dos dois... Quer dizer, se acontecesse seria com o Glauber, porque a direita ganhou a parada. Mas o Glauber foi pra Europa. Quando engrossou o bagulho aqui, com a ditadura, ele se mandou pra Europa. Mas ele ainda chegou a fazer filme aqui antes de partir, como o *Terra em Transe*.

**E como foi a produção do *Deus e o Diabo*? Foi uma produção cara pra época?**

Era uma produção toda feita em externas, no sertão baiano, tudo em locação... O custo da produção era esse. Eu cheguei a acompanhar algumas cenas feitas em Salvador, mas não segui com a equipe para o interior. A minha principal contribuição para o filme foi ainda quando era um roteiro. Eu fiquei muito impressionado com a história, quando li o roteiro. Mas teve um ponto que não me agradou: no roteiro original, o personagem Manuel, após se tornar um místico e um cangaceiro, sem conseguir se realizar em nenhum desses caminhos, encontrava um destino, que era o engajamento nas ligas camponesas. O filme tinha então três partes.

**Mais ou menos como *Os Sertões*, não é? A terra, o homem e a luta...**

Sim. Mas eu não gostei da mensagem direta da última parte, de que só a politização permite a libertação do povo oprimido. E nós conversamos muito sobre isso. Ele acabou fazendo outra proposta, que no fim seria a filmada, de um final em aberto. Do filme acabar com uma corrida para o mar, como uma fuga da miséria do sertão. Esse final mostrava que era preciso encontrar um caminho, mas deixava claro que o que havia ainda era uma busca, não uma resolução.

**E com o Rogério Duarte, que fez o famoso cartaz do filme, você já tinha amizade? Ele estava morando no Rio naquela época, não é?**

Sim, já conhecia ele. Em 1964, quando o filme seria lançado, eu já tinha ido morar no Rio. O Glauber também. Ficamos no apartamento dele hospedados, enquanto buscávamos uma casa, e foi lá que cheguei até a contribuir para o cartaz do Rogério. Ele estava sentado numa mesa, cheia de fotos e esquadros e compassos, pensando como fazer o cartaz, quando peguei uma foto do Othon Bastos como Corisco segurando uma peixeira na frente do rosto. Era uma foto muito imponente. Mostrei para o Rogério e sugeri que usasse essa foto. Ele pegou e compasso, colocou a ponta seca no nariz do Othon Bastos e traçou um círculo. Disse que era o sol. E a partir disso começou a desenhar o sol. O Rogério era um designer absolutamente genial.

**Depois, você vai ser uma figura fundamental pra as revoluções comportamentais da contracultura. Como era isso nos anos 50, ou no começo dos anos 60? Já existiam indícios de uma virada comportamental?**

Olha, eu já era uma vanguarda disso aí porque eu era discípulo de Sartre, e portanto existencialista. O existencialismo era uma coisa que não era simpática nem para a direita, nem para a esquerda. Porque era um pensamento libertário, mais preocupado com a liberdade individual. E o grande inimigo era a moral tradicional. A Moral. Então, eu fazia propaganda disso, discutia a liberdade individual sob a luz do existencialismo. À direita, achavam que eu era um devasso, e à esquerda achavam que eu era um pequeno burguês preocupado com bobagens, pois havia a questão social que era mais importante. Mas ao mesmo tempo eu tinha muitos simpatizantes, sempre tinha gente que se interessava pelo existencialismo, perguntava sobre Sartre, depois sobre a Simone de Beauvoir também, quando sai o *Segundo Sexo*. Então, havia um germe de uma rebelião do comportamento já naquela época. Isso estamos falando dos anos 50, começo dos 60. Que aliás, culminou em maio de 68, com uma rebelião política, mas muito contaminada por essa questão libertária.

**Você disse que casou cedo, com uma mulher da sociedade baiana. Como foi lidar com isso e essas mudanças comportamentais?**

Foi assim: quando eu ganhei a bolsa de estudos pra ir pros Estados Unidos, disse para a Yone que eu ia de qualquer maneira, que não iria perder essa oportunidade. E ela então disse que iria comigo. Eu concordei, ao que ela respondeu que os pais dela só aceitariam que ela viajasse comigo se nós nos casássemos. E eu aceitei me casar com ela. E foi assim que eu casei. Aí, minha primeira filha nasceu lá nos Estados Unidos, em San Diego. Hoje ela é psiquiatra lá em São Paulo.

**Outro dia, fazendo uma pesquisa sobre o *Suplemento Dominical do Jornal do Brasil*, eu achei uma matéria sua sobre o Living Theatre, escrita em 1960. Você chegou a acompanhar a vanguarda do teatro de Nova York?**

Ah, sim. Porque em Pittsburgh, onde eu estava, a cena era menos vibrante, buscando mais o mainstream. Broadway ou Hollywood. Agora, tinha uns maluquinhos que andavam de roupa preta, influenciados pelos beatniks. Outros meio existencialistas. Mas isso era uma minoria. Mas todo feriado uma porção de gente que ia pra Nova York de carro. Então o pessoal pregava num quadro de anúncios na universidade: "tenho vaga para duas pessoas no carro para Nova York". Aí, pronto, eu telefonava, fazia contato e íamos, eu e minha mulher. A gente acertava um valor para ajudar na gasolina, e assim, por um preço menor que o da passagem de ônibus, nós íamos de carro pra Nova York. E daí podia ver um pouco do que estava acontecendo na cidade. Quando chegava em Nova York, aí eu ia no Living Theatre, naquele sobrado que eles tinham lá, de onde eles foram até expulsos depois. Lá eu assistia nomes como Samuel Beckett. Era um teatro de vanguarda. Eu também não ia deixar de ver Broadway, muitos musicais, que eram incríveis... Eu iria pra Nova York e não ia ver os grandes musicais da Broadway?

**E sua contribuição pra imprensa, quando você começou a escrever pra imprensa?**

Olha, nessa época eu era colaborador. Só fazia freelance para a revista Senhor, para o Suplemento Dominical do Jornal do Brasil. Mas não tinha nada estável.

**E como era essa relação? Na revista *Senhor*, no *Jornal do Brasil*, você passou por Reynaldo Jardim, essa turma toda? Como foi essa relação? Tinha amizade com eles?**

Sim, fiz muita amizade com Reynaldo Jardim, fui amigo dele até o fim da vida. Não no final nós nos encontrávamos mais, porque ele ficava em Brasília e eu aqui.

**Você já contou que começou na boêmia por causa da poesia, em Porto Alegre. E as outras drogas, maconha, ácido, como chegaram na sua vida?**

Só no Rio de Janeiro, bem depois... Eu já estava até n'*O Pasquim*. Até a minha entrada n'*O Pasquim*, eu tinha mais relações

Quando eu comecei a fazer a coluna *Underground* n'*O Pasquim,* por ideia do Tarso, eu não tinha a menor pretensão de ser hippie, nem de coisa alguma. Eu simpatizava com a contracultura porque desde Porto Alegre eu simpatizava com o existencialismo. E o Norman Mailler definia esse novo tipo rebelde: é o existencialista americano. Por causa da questão da liberdade, do desejo de ser livre.

com jornalistas, porque os literatos eu frequentava mais em Porto Alegre. Eu sou um literato de província. Mas eu comecei a ganhar a vida na imprensa, principalmente depois que eu vim pro Rio de Janeiro. Porque eu não sabia fazer mais nada. Eu estudei filosofia, a única coisa que eu sabia fazer era escrever, redigir. Então eu passei a conseguir emprego em copydesk, como redator, e minhas relações foram se concentrando em jornalistas. Eu fiquei muito amigo do Tarso de Castro, que já conhecia lá de Porto Alegre, e era um jornalista que conseguia beber mais do que eu. Era uma coisa interessantíssima, porque eu nunca vi o Tarso bêbado. Ele bebia em quantidades industriais, e estava sempre igual. Ao contrário de todos os outros que eu vi. Eu fui muito amigo do João Carlos de Oliveira, também, mas o Carlinhos era o oposto do Tarso, quando começava a beber era um, lá pelas tantas virava outro. Baixava uma entidade nele e ele pirava mesmo. O Tarso era sempre a mesma coisa. Mas bebia o tempo todo, não conseguia passar sem beber.

Quando eu comecei a fazer a coluna *Underground* n'*O Pasquim*, por ideia do Tarso, eu não tinha a menor pretensão de ser hippie, nem de coisa alguma. Eu simpatizava com a contracultura porque desde Porto Alegre eu simpatizava com o existencialismo. E o Norman Mailler, em seu ensaio chamado *The white nigro*, o negro branco, disse que o hipster, que era a palavra que ele usava, uma palavra predecessora do hippie, e que parou de ser usada – foi retomada só recentemente, mas num outro sentido – e que no original era uma coisa que remetia ao molejo de cadeira, o que designava a flexibilidade do hip contra a rigidez muscular do square. E o Norman Mailler definindo esse novo tipo rebelde, disse: é o existencialista americano. Por causa da questão da liberdade, do desejo de ser livre.

Os existencialistas franceses eram noturnos, eram sombrios, andavam de preto... Juliette Greco, musa do existencialismo francês, andava toda de preto, andava nas caves parisienses, aqueles bares no porão, escutando jazz. E agora o hippie americano, o existencialista americano é completamente diferente, se fantasiava todo colorido, não ouvia jazz, ouvia rock, gostava de dançar, de ficar dançando, gostava de tomar banho nu em cachoeira... Fazer festivais ao ar livre, Woodstock, aquelas coisas. Era um outro tipo de existencialismo. Mas os dois justificavam o seu comportamento estranho pelo mesmo motivo: liberdade. Eram livres. Então eu me interessei pelo assunto. Até jornalisticamente. Escrevi um artigo, uma matéria ou outra n'*O Pasquim*, e um dia eu recebi uma correspondência de um menino chamado Jacques, que estava estudando em Berkeley, na Califórnia, e que começou a me mandar material de lá. Ele me mandava publicações contraculturais, poetas da editora City Lights, de São Francisco, manifestos. E aquilo foi me interessando. Até que eu ouvi Jimi Hendrix, desbundei completamente. Me interessei por esse assunto e comecei a falar muito com o Tarso. Aí o Tarso, que era um editor muito esperto – era um editor tão esperto que quem fez o sucesso d'O Pasquim, na minha opinião, foi o Tarso – me pediu para escrever a coluna Underground, para tratar desse tema.

**E quando você começa a fazer *Underground*, não tinha nem experimentado maconha ainda? Na Bahia, naquele período que você morou lá, não era uma droga corrente?**

Não era uma droga corrente, não. Depois da coluna é que eu comecei a receber visitas de hippies, de pessoas envolvidas no underground, que me convidavam para reuniões nas casas deles, para festinhas, ou para programas outdoors, tipo na praia. E era aí que rolavam as coisas. Foi então que eu fumei, e me familiarizei com as coisas. Não só com a maconha, mas com o famoso LSD. Porque, conforme eu sempre digo, "maconha é uma Coca-Cola". A droga forte, que modifica a cabeça das pessoas, que tem consequências, é o LSD.

**E como foi essa primeira experiência com LSD?**

Sabe que eu nem me lembro direito como foi a primeira... Porque foram tantas! Geralmente era na praia. Eu saía, ia para uma praia dessas do estado do Rio. Eu fiquei um tempo em Macaé, numa praia lá. Tinha uma casa que era do Claudio Marzo onde a gente ia muito também. Tomava o ácido na praia. Então, foram tantas viagens de praia que na minha memória se misturam.

**E como era o LSD que vocês tinham acesso naquela época? Já tinha anfetamina misturada como hoje, essa coisa eufórica, ou era mais puro?**

Olha, não sei como é que está o LSD hoje, porque faz muito tempo que eu não tomo. Faz muito tempo que LSD não me vem às mãos. Mas o LSD naquela época não tinha anfetamina. Isso aí foi uma coisa de mercado, porque o LSD era uma péssima droga para o mercado clandestino. Uma droga boa para o mercado clandestino, a melhor de todas, é a cocaína. Porque a cocaína você cheira e daqui a 20 minutos você quer cheirar de novo. O efeito passa e você tem que cheirar de novo. Então passa o tempo todo cheirando e cheirando, e consome uma grande quantidade. Tem que telefonar pro transeiro e pedir mais. Aí é um ótimo negócio. LSD, você toma uma coisinha de nada e viaja oito horas. E depois que você viaja essas oito horas, só maluco tem disposição para tomar outro e continuar. E provavelmente, se tomar o terceiro ele nem faz mais efeito. E no dia seguinte você está num estado que nem pensa em viajar. Então, um alto consumo de LSD é você tomar um por semana. Que era mais ou menos o que eu fiz durante uma época. Tomava todo fim de semana. Domingo, dia consagrado ao Senhor, tomava LSD. E só, porque mais não dava. Então, que negócio é esse, do ponto de vista do vendedor? Vende uma vez por semana uma dose...

**Então adicionaram anfetamina para criar outra vontade...**

Para ir à discoteca, para ficar dançando a noite inteira. Aí a anfetamina é que dá o empurrão para você sair à noite, para ficar dançando na discoteca. Ao mesmo tempo que, com aquelas luzes estroboscópicas, cria um tom hipnótico e você vai viajando. Uma maluquice completa.

**E por falar nisso, no sentido estético, você começou a ouvir músicas diferentes, depois que começou a consumir LSD? Você mudou a sua apreciação estética, digamos assim?**

Olha, você ouve música muito melhor. É muito melhor. O grau de concentração na música é muito acentuado. Então, coisas que eu não ouvia eu passei a ouvir. Não só no rock, mas no jazz, que era minha música e continua sendo. Ia ouvindo com os ouvidos mais sensíveis, apreciando mais e valorizando mais. Todos os aspectos sensoriais da comunicação artística são reforçados pelo LSD. Nos quadros, as cores ficam mais bonitas. Você vai assistir a um espetáculo, fica mais bonito. A própria dança, qualquer coisa assim. Porque fica tudo mais bonito. Mesmo que você não faça nada, só olhe pela janela, está tudo mais bonito. Então esse aspecto sensorial das artes, nisso o LSD foi muito marcante. Menos na literatura, porque a literatura é muito pouco sensorial, é uma coisa que você lê e a página pode ficar brilhando, as letras brilhando, mas não tem importância no significado do que está escrito ali. É uma coisa mental. Então uma literatura psicodélica não é muito adequada, embora tenha existido e tenha sido usada. Por poetas, principalmente. Mas, para músicos, pintores, essas artes que tem uma base sensorial muito acentuada, aí realmente o LSD causa grandes modificações.

**A sua linguagem mudou muito ao longo da coluna, foi se libertando? Foi virando uma linguagem nova, mais pessoal, ou não?**

Não que eu tenha notado. Talvez eu tenha ficado mais relax para escrever. O efeito mais extraordinário do LSD que eu me lembro é que nos dias seguintes – depois isso começa a esmaecer – você se sente bem a beça. Você se sente feliz pra caralho, sabe? É uma felicidade que você não sabe da onde é que veio, porque é que você está tão feliz... Mas você está simplesmente feliz pelo mundo ser do jeito que ele é e a vida ser do jeito que ela é. É uma reconciliação total do seu espírito com a realidade: você está feliz. Então isso favorece muitas coisas, porque dá uma descontração muito grande. Aí, depois com a passagem do tempo, isso vai esmaecendo. Vamos dizer que uma semana depois você já não está mais daquele jeito.

**Mas se você toma toda semana você se mantém nesse estado de felicidade...**

Dizem que o próprio doutor Albert Hoffman tomava um por semana. O doutor Albert Hoffman foi o cara que descobriu o ácido, morreu com 102 anos... Até o fim da vida ele tomou ácido.

**Maciel, vamos retornar um pouco, para a questão da identificação do existencialismo com a contracultura. É um tema importante para você. Poderia falar um pouco mais sobre isso?**

Eu estava até pensando sobre isso agora, sobre a minha trajetória e essa identificação entre existencialismo e contracultura, e pensei o seguinte: que desde os 16 anos eu tenho uma ideia obsessiva da liberdade. A liberdade foi o que realmente me atraiu no existencialismo, de Sartre dizer que você é totalmente livre e apoiar tudo que seja liberdade. E de pensar como lidar com isso. O Sartre foi obrigado a criar a doutrina do *engajement*, porque, numa liberdade pura, o que você vai fazer? Nada? Vai ficar livre, "sou livre", e acabou-se? Então Sartre diz que a pessoa tem que se engajar no que ela achar que é certo, no que ela achar que é direito. Então, propôs o *engajement*. E houve até um *engajement*

Desde os 16 anos eu tenho uma ideia obsessiva da liberdade. A liberdade foi o que realmente me atraiu no existencialismo, de Sartre dizer que você é totalmente livre e apoiar tudo que seja liberdade. E de pensar como lidar com isso. O Sartre foi obrigado a criar a doutrina do *engajement*, porque, numa liberdade pura, o que você vai fazer? Nada? Vai ficar livre, "sou livre", e acabou-se? Então Sartre diz que a pessoa tem que se engajar no que ela achar que é certo, no que ela achar que é direito.

mais sério do Sartre, que foi a sua união com os comunistas, com o Partido Comunista. Sartre não teve carteirinha do partido, mas fez uma união com os comunistas. Uma união que foi não só prática, como foi teórica também, como demonstra a questão de método e a crítica da razão dialética, em que ele diz que o marxismo é a filosofia insuperável de nosso tempo. E foi no que se agarraram os comunistas pra dizer que Sartre tinha se convertido ao marxismo. Mas ele disse isso ao mesmo tempo em que dizia que o marxismo necessitava que outras doutrinas, como o existencialismo, para se aperfeiçoar em algumas questões, como o problema do indivíduo, o problema da liberdade. Essa questão está tratada na "Crítica da razão dialética".

Eu cheguei a fazer uns esquemas comparando os conceitos d'*O ser e o nada*" e a *Crítica da razão dialética*, e eles se correspondem. Parece que a *Crítica da razão dialética* é um *O ser e o nada* marxistizado, um *O ser e o nada* que sai do indivíduo e vai para o coletivo. Vou dar um exemplo fundamental, que é a importância do indivíduo e da consciência individual no *O ser e o nada*, é o ser para si, é a consciência, é a liberdade, liberdade absoluta do indivíduo. Na *Crítica da razão dialética* ele desenvolve a teoria do grupo em fusão, que é quando uma coletividade de vários indivíduos se funde instintivamente para uma ação coletiva, porque o objetivo dela necessita da coletividade. O exemplo dele é a Revolução Francesa, é a queda da Bastilha. Não houve nenhuma organização prévia de nenhum partido político que organizasse o povo de Paris para derrubar a Bastilha. Foi um caso de grupo em fusão. Surgiu até uma música, que foi a Marselhesa. Aí o Sartre diz assim: o máximo de eficiência na ação coletiva é o grupo em fusão. Porque depois que o grupo em fusão dá certo, ele se inversa num grupo organizado, e aí vem o partido político. Daí o partido político não ter a mesma eficiência do grupo em fusão, porque o indivíduo no partido político se subordina às determinações da coletividade. Por exemplo, o Partido Comunista: o que importa é o partido, não é o militante comunista. Então o comunista passa a virar uma peça subordinada aos interesses do partido, e às visões do partido, e embora sejam várias individualidades que tomem as decisões, o Comitê Central responde como uma entidade acima. Mas o fato é que em um partido o instinto libertário primitivo é domesticado, de alguma maneira, para os interesses que podem ser às vezes muito nobres, e no restante das vezes, menos nobre.

Eu, pra mim, na minha opinião e experiência, o meu amor pela liberdade era de tal forma maníaco, vamos dizer assim, que eu apliquei essa independência tanto na minha vida política como na minha vida espiritual. Às vezes perguntam: "Maciel, você é ateu?" Eu não sei sou ateu, às vezes eu acredito em deus. Mas eu não vou ser católico, como eu fui na infância, que aí eu não tinha mais essa permissão de às vezes ser ateu e às vezes ser teísta. Só eu sendo um homem totalmente livre é que eu posso fazer isso. Então, se há algum momento em que a fé em Deus é necessária, eu posso participar de um grupo em fusão que assegure essa existência de deus. Se não, não. Eu posso ser ateu também. Então eu sou um homem livre.

Quando a contracultura surgiu, essa perspectiva libertária era muito forte. A contracultura não tinha nenhuma cartilha. Cadê a *Bíblia* da contracultura? Cadê o *Manifesto comunista* da contracultura? Cadê a *Interpretação dos sonhos* da contracultura? Não tem, não existe. A contracultura foi um grupo em fusão. Sem predeterminação ideológica ou filosófica de qualquer tipo. Então, eu me lembro de um negócio que eu vi na Rolling Stone, quando anunciaram que os hippies tinham terminado, que já tinha passado a moda hippie, e um hippie disse assim: "Isso mesmo, já passou esse negócio de hippie, os hippies morreram: viva os homens livres".

**Foi um movimento criado pelos Diggers de São Francisco, não é?**

Quando a contracultura surgiu, essa perspectiva libertária era muito forte. A contracultura não tinha nenhuma cartilha. Cadê a Bíblia da contracultura? Cadê o "Manifesto Comunista" da contracultura? Cadê a "Interpretação dos Sonhos" da contracultura? Não tem, não existe. A contracultura foi um grupo em fusão. Sem predeterminação ideológica ou filosófica de qualquer tipo.

Isso, exatamente, foram eles que criaram. "Viva os homens livres", sabe? Com os quais eu me identifiquei imediatamente. E o meu comportamento se rege por isso. Às vezes dizem: "O Maciel é místico, tem uns voos místicos". Outras, "Maciel é comunista", porque fico do lado dos comunistas em algumas coisas. O Maciel pode ser tudo isso. Sou um homem livre. E se já cheguei na minha idade, agora vou completar 78 anos, assim, como é que eu vou mudar agora? Vivi livre, vou morrer livre, se deus quiser -- e se é que há deus, ou o deus que se queira entender como deus. Aconteceu uma coisa interessante alguns anos atrás. Eu estive bem doente, por causa do meu enfisema, e eu estava no hospital, numa situação complicada de saúde. Tem um menino que eu sou padrinho, da Rocinha, e que ia com a mãe dele me visitar. Aí ela me aparece no hospital com um grupo de uns rapazes e umas mulheres, tudo da Rocinha, membros da igreja Deus é Amor, uma igreja evangélica. E eles tinham ido lá para orar por mim e para que Jesus me ajudasse a sobreviver àquele momento difícil e tudo o mais. E eu disse: "Tudo bem". Fiquei na cama, eles me cercaram, fizeram um semicírculo na cama, e começaram a orar, como eles dizem, e eu achei interessantíssimo, porque a oração conforme eu fui educado na igreja católica, oração é um texto que é aprovado pela autoridade da igreja e recitado ipsis literi pelas pessoas, e eles oravam diferente, oravam *ad libitum*, quer dizer, cada um inventava sua oração, e cada um dizia o seu. Eu me lembrei do negócio do jazz, porque eu sou amante de jazz desde os 16 anos de idade, quando num programa de rádio eu ouvi pela primeira vez Duke Ellington, que é meu ídolo até hoje, e o jazz é isso, os instrumentistas improvisam. E havia improvisação coletiva, e havia todo tipo de improvisação, o que faz o jazz avançar é a improvisação instrumentista, o jazz não é uma música do compositor, o compositor não tem muita importância, o jazz é uma música do instrumentista. É por isso que todo instrumentista gosta de jazz, porque é aonde ele pode manifestar melhor a sua criatividade. Então, tem até o jazz moderno em que há improvisação coletiva sem tonalidade estabelecida, sem divisão de compasso, sem harmonia, sem porra nenhuma. Cada um vai pro lado que quer, e acontece. Tem bandas de free jazz em que parece que magicamente aquilo se compõe numa espécie de ação comum em fusão, diria o Sartre. Então, eu achei parecida a oração dos evangélicos, tinha esse improviso, essa liberdade, e sinceramente fiquei emocionado. Meus olhos ficaram úmidos deles estarem ali fazendo aquela oração louca, porque uns gritam mais que os outros, uns falam mais que os outros. Aquela misturada, aquela coisa, sessão de free jazz. E aí no final eles perguntam pra pessoa: "Você aceita Jesus?", que é uma coisa que na cabeça deles, se a pessoa aceita é porque aderiu à igreja deles, e se não aderiu tem que dizer que não aceita. Mas nessa situação, a pessoa pergunta pra mim se eu aceito Jesus eu não podia dizer "não". Eu aceitei. E fiz um texto sobre isso que fecha o meu livro mais recente, *O sol da liberdade*, e até comentei com a minha editora: "Esse último texto vai causar muita estranheza, muita crítica, isso é completamente diferente do resto do livro". Mas eu disse para ela que eu sou um homem livre, e aquela história realmente aconteceu, e na hora me deu vontade de dizer. E não quero esconder isso de ninguém. Pelo contrário, que seja aberto a todo mundo.

**Você disse que utilizou dessa liberdade total também no campo político. Nunca foi filiado em nenhum partido?**

O Partido Comunista tentou me filiar duas vezes: na Bahia, quando comecei a colaborar com um semanário que era do Partido, chamado A Folha da Semana, dirigido pelo jornalista Geovaldo Matos, que é um grande cara. Fiquei amicíssimo dele. Eu ia lá, escrevia tudo dentro dos conformes. Aí, um dia, o Geovaldo chegou assim pra mim: "Maciel – ele falava sorrindo – não é escolha minha, é tarefa, recebi a tarefa de te convidar pra ser militante do Partido". Ele morreu de rir, nem esperou minha resposta.

**Ele só falou pra cumprir a tarefa...**

Eu ri junto com ele, e ficou por isso mesmo. Na hora que ele chegou lá no Partido Comunista, disse: "Oh, o Maciel não quis entrar". Depois, aqui no Rio, eu frequentei durante muito tempo o apartamento do Leandro Konder, que era do Partido. O Carlos Nelson Coutinho, que era meu amigo desde a Bahia, também frequentava muito aqueles encontros. Eventualmente Ferreira Gullar ia lá, ia gente que não era do Partido, mas eram considerados simpatizantes, como o José Guilherme Merquior, que ainda era meio de esquerda na época, porque não tinha ainda ido estudar na famosa London School of Economics, que alguns dizem que é a melhor escola do mundo, por ensinar a economia liberal. Paulo Francis foi outro que, conduzido pelo Delfim, foi acabar com a própria cabeça lá na London School of Economics. E todo esse pessoal frequentava a casa do Leandro. E uma vez o Ferreira Gullar levou uma mensagem do Departamento Cultural do Partidão com um convite para que eu me tornasse um companheiro deles. Isso nos anos 1970. O Ferreira Gullar me conhecia menos, mas o Leandro e o Nelson começaram a rir: "Ih, esse aí é sartreano, existencialista, imagina... Não vai entrar pro Partido de jeito nenhum".

**Eu me lembro de um texto horripilante do Carlos Nelson Coutinho, destruindo a Tropicália, a contracultura. Não tinha um embate ideológico grande ali?**

Comigo não tinha. O Carlos Nelson até fez uma resenha de um livro meu para uma revista. E mesmo nela ele foi todo cheio de tato comigo. Claro que contestou tudo que estava no livro, mas cheio de tato, sem raiva nem nada. Agora, com os tropicalistas já era mais complicado. Eu tomava cerveja com ele, passava a noite, batíamos papo... Até o Sartre eles começaram a engolir, mas de forma meio outsider. Em minha homenagem, eles engoliam um pouco mais o Sartre (risos)...

**O Hakim Bey, o anarquista ontológico, criador da ideia de Zonas Autônomas Temporárias, era um defensor assíduo do levante. Ele dizia que quando o levante dá certo, se consolida, ele deu errado.**

Perfeito, é a diferença do grupo em fusão para o grupo organizado. Porque aí deu certo, foi vitorioso, organizou. Organizou, matou. E a contracultura nunca teve isso.

**E os teóricos da contracultura, o Marcuse, o Norman Brown?**

Eles eram professores universitários, acadêmicos. Nenhum deles organizou nada, politicamente. O Sartre tinha muito mais envolvimento político que qualquer um desses pensadores. Norman Brown nunca botou o nariz para fora da universidade. Então na história da contracultura, os hippies e tal, nunca tiveram essas lideranças. Tinham esses pensadores, que eram mais admirados. Timothy Leary foi entronizado como guru da contracultura, para usar um termo esquisito que inventaram aqui no Brasil para mim também. Mas nem ele tinha um papel centralizado de liderança. Ele que vivia dizendo que essa geração era santa, "eles é que sabem tudo".

**Você gosta das ideias dele?**

Eu acho o Timothy Leary engraçadíssimo, meio um clown da contracultura. Agora, o que ele diz do ácido é tudo verdade. Pega o que o pai do ácido, doutor Albert Hoffman, diz e está tudo lá. O doutor Alberto Hoffman morreu com 102 anos, tomando ácido ainda. Ele descobriu o ácido com 30 e poucos, então quer dizer: tomou ácido por mais de 70 anos. Deve ter sido uma viagem muito boa, deve ter esclarecido muito sobre o que aquela droga fazia. Ele escreveu um livro chamado "My problem child". Porque além do ácido, ele é criador de um número enorme de remédios contemporâneos. Ele era pesquisador da Sandoz, de Zurique, e depois do LSD ele foi nomeado Diretor de Pesquisa da

Sandoz, e esteve ligado a tudo que a Sandoz criou por uns 40 anôs ainda, até se aposentar, quando ele foi pro seu chalé na Floresta Negra, e ficava lá descansando, tomando ácido e viajando pelo menos uma vez por semana. Saía pra passear na floresta. Até os 100 anos ele estava ótimo. Tem um vídeo dos seus alunos e discípulos comemorando os seus 100 anos de idade. Já o Timothy Leary morreu bem mais cedo, com 75 anos, sempre piradaço. Era um aventureiro, tinha esse temperamento aventureiro. Teve uma fase que ele ficou sem dinheiro, porque ele não tinha mais emprego na academia, aí foi parar na Europa. Então ele ganhou dinheiro "viajando" nobres europeus para estabelecer suas vidas passadas (risos). Ganhava uma nota com isso. "Ah, você foi rei, você foi isso, você foi aquilo…"

**E os Beats?**

Eu não li muitos beats. Eu li alguns poetas da City Lights, lá de São Francisco, na época, porque era a maior moda. Ferlinghetti, Kerouac, naturalmente, Ginsberg, os mais na moda. Neal Cassady... E sempre gostei da impressão do Norman Mailler dizendo que o hippie era o existencialista americano. São mais simpáticos que os franceses, que eram muito soturnos, aquela coisa deprê, naqueles bares de porão, ouvindo jazz, aquela semi-obscuridade, bebendo... Os hippies iam pra natureza, andavam pelados, se jogavam dentro do rio, tomavam banho de cachoeira...

**E uma questão importante da época, que é a questão do feminismo, das mulheres. Como você acompanhou isso?**

Eu casei cedo, com uma mulher bem comportadinha, bem burguesinha, filha duma família tradicional bahiana. Tinha até brasão! E eu, um filho de baixa classe média de Porto Alegre. Foi um casamento provocado um pouco pelas circunstâncias, porque eu estava namorando a moça quando ganhei uma bolsa de estudos para ir para os Estados Unidos, da Fundação

Rockfeller, e disse pra ela: "Olha, eu ganhei essa bolsa para os Estados Unidos e não vou desperdiçar não, eu vou". Aí ela disse: "Eu quero ir com você". "Tudo bem". "Mas tem uma coisa: meus pais só deixam se eu for casada". Aí me casei. Minha filha mais velha nasceu nos Estados Unidos, é norte-americana, e o outro, o segundo é baiano. São os dois únicos filhos que tenho e adoro. Meu filho não me deu netos, mas ela me deu uma menina que agora é médica psiquiatra e psicanalista... Me deu quatro netos maravilhosos, garotos ótimos. E fiquei com a minha mulher até que o casamento não se sustentou mais. Nós viemos aqui para o Rio, eu virei boêmio, ela ficava em casa com as crianças, eu ia para a rua de noite, ia para os botequins, aí se tornou uma coisa insustentável. Minha segunda mulher já era companheira de boemia, era uma estrela de televisão.

**Já é desse período que você começou a fazer coluna *Underground* no *Pasquim*, a lidar com a contracultura. E foi também o auge do movimento feminista. Como você se relacionou com isso?**

Eu nunca me meti muito a falar nesse assunto por achar que esse era um assunto das mulheres. Era um assunto delas. No grupo de pessoas com quem eu andava na época, meio hippies, meio malucos, homem e mulher era tudo a mesma coisa, não havia discriminação nenhuma, era o reino da liberdade. E vários problemas que idealmente não deveriam aparecer no meio das relações pessoais apareceram, e o pior dentre eles foi o ciúme. Porque esse negócio de troca-troca, de amor livre, cria-se um ciúme infernal. Muitas comunidades alternativas foram vítimas disso, porque não encontraram uma fórmula para que isso fosse resolvido. Uma forma de não colocar o seu pensamento à frente do outro, como Sartre e Simone de Beauvoir, que eram completamente livres pra fazer o que bem entendessem - e nunca brigaram! Foram até o fim da vida, velhinhos. Sartre cego, a Simone cuidando do Sartre, lendo livros pra ele, Sartre tocando piano pra Simone... Sartre era bom pianista, tinha aprendido menino... Mas eles tiveram os dois casos de amor incríveis, a Simone teve aquele caso com Nelson Agri, o escritor americano, que foi muito bem, eram apaixonadíssimos, dizem que trepavam maravilhosamente bem, mas encrencou quando o Nelson Agri chegou e disse assim: "Olha, tá tudo bem, tudo bonito, mas eu quero você para ser minha mulher, então você tem que parar com essa história de Sartre". Ai a Simone disse não. Ao mesmo tempo o Sartre tava tendo um caso com uma americana, por acaso, uma mulher riquíssima, que também deu-lhe uma prensada para parar com essa história de Simone, e o Sartre recusou. Isso porque eram acordos que eles combinaram. Sartre disse que os dois poderiam ter quantos amores contingentes quisessem, porque o amor entre ele e Simone era essencial. E no círculo de amizades dos dois, a liberdade sexual era muito grande. Imagino que ainda maior na França do que nos Estados Unidos. E havia muitos problemas de ciúme, também: quem era dono de quem? Alguns hippies conseguiram o que só os índios tiveram: porque índio tem liberdade sexual. Em alguns índios do Xingu, as crianças tem uma mãe e todos os homens da tribo são pai. Todos os homens da tribo tem responsabilidade de pai sobre todas as crianças, que tem uma mãe particular que é só dela, mas pai tem todos. Os hippies se encaminhavam para uma coisa assim, porque os hippies buscavam uma forma de vida tribal próxima ao que alguns povos indígenas haviam conseguido. Mas havia realmente um grau de liberdade muito grande nos hippies, eles nunca cederam a nenhuma tentação de localização, burocrática, repressiva, impositiva, castradora, nunca teve. Se acabaram porque se esfacelaram mesmo ante o assédio da sociedade de consumo, a força opressiva, a caretice.

**E as comunidades hippies que sobreviveram acabaram se afastando mais e mais da sociedade, indo para mais longe.**

**No Brasil você tem comunidades no sertão, na Amazônia, em lugares menos acessíveis.**

Totalmente distante da civilização branca, para poder ter aquela maneira de viver...

**Você morou em comunidades?**

Não, não. Visitei, frequentei, escrevia sobre, mas nunca cheguei a morar numa comunidade... Conhecia algumas. Agora, ultimamente, eu tenho essa descoberta teórica de que a liberdade hippie atende muito às funções que Heidegger coloca para superar o esquecimento do ser. Só que o modelo do Heidegger são os camponeses alemães, que estariam mais perto do Ser do que os homens urbanos. Que é aquela velha história romântica do contato com a natureza, dia, noite, sol, lua, inverno, verão, animais, rios, lagos... Isso tudo, segundo Heidegger, aproxima você do Ser. E as coisas como essa câmera aqui são maquinações humanas, manipulações. São um certo tipo de magia. É uma magia, tem as suas regras. Porque nas sociedades primitivas, a magia sempre tem que ter uma liturgia muito definida e que não pode ser desrespeitada. Senão, não funciona. Que nem essa câmera, ou é tudo respeitado, a liturgia disso aí, ou ela não funciona. Toda magia é feita assim. A magia tecnológica só é mais elaborada, mais complexa. O que corresponde à mente analítica ocidental. Mas, ao mesmo tempo, ela distancia do contato direto com o Ser – ou "o abismo do Ser", como diz o Heidegger – ou seja, o mistério. Porque se você tirar toda a feitiçaria, o que resta é o mistério. O que é que há nisso tudo? Não há nada. Qual o sentido de tudo que eu vejo? Isso tudo é um mistério. O que é que você tá fazendo aqui? Não sabe de onde vem, para onde vai, o que acontece depois, se é que acontece. É um mistério, é o ser. Agora, os filósofos vão dizer que só na proximidade do Ser é que você se humaniza, e o distanciamento, ou o envolvimento cada vez maior com as maquinações, o robotiza. Tem coisas do Heidegger sobre vida inautêntica, sobre maquinação, muito parecida com a alienação de Marx de 1844, século retrasado. Só que essas maquinações que Marx já percebia só se desenvolveram cada vez mais. E sem controle. Porque a economia liberal propicia o descontrole. E uma economia estatal tem que conviver com a economia liberal, e portanto se adaptar a ela. Pergunta para os chineses, ou para os cubanos. Den Xiao Ping salvou a China sacando isso. Um governo, dois sistemas. Meu colega roteirista conta uma piada célebre entre eles lá: tem uma encruzilhada, e dois caminhos. Um dizia "capitalismo" e o outro dizia "socialismo". Aí chega um americano e nem pensa, vai pelo caminho do "capitalismo", e se dá bem. Aí vai o soviético, seguindo a doutrina, e vai pelo "socialismo". Aí o chinês chega, pensa, pensa, e chega a uma conclusão: mudar as placas de lugar. E vai pelo "socialismo" mesmo. Porque o sistema chinês é isso, fazer um sistema capitalista, mantendo o controle político ditatorial estatal.

**Como dizem, é o pior dos dois mundos... E a questão do marxismo e da ecologia?**

Marx não tinha consciência dos limites naturais, da conservação, do ambiente. Naquela época não era fácil de se ter, ainda era um pensamento que estava surgindo. E ele era muito urbano, e você tem que ter certo conhecimento da natureza pra despertar sua consciência ecológica. Senão você fica muito domado, acha que uma câmara de filmar, por exemplo, é natural, que é tão natural quanto uma árvore, ou quanto o sol.

**Como foi que o pensamento ecológico chegou até você? Foi impactante pra você travar contato com esse pensamento?**

Foi numa fase assim de hippie meio radical. Eu morei numa praia durante dois anos. A minha segunda mulher, que era starlet de televisão, mas era chegada, gostava de ser hippie, gostava de magias, foi comigo. Eu convivi com ela dois anos numa cabana, numa praia em Macaé. A gente raramente ia à cidade de Macaé, ficava lá no mato. Eu catava lenha, porque o fogão era a lenha, a água era de poço.

**Isso em meados da década de 1970, depois da *Rolling Stone*?**

Não me lembro.

**E você vivia do que lá?**

O André Midani tinha um grupo de debates, em que havia intelectuais, artistas, gente selecionada. Tinha uma porção de gente, artistas que ele lançava na gravadora, amigos. E eu ia às reuniões, pegava um ônibus e ia, e ganhava uma grana por mês que segurava as contas. Já passava em Macaé, fazia uma compra no supermercado básica, levava pra cabana. E havia, obviamente, uma vendinha perto, para qualquer coisa que faltasse.

**Foi um período feliz?**

É, foi um período... interessante. A gente tinha ácido, e de vez em quando mandava um para dentro. E teve uma história que eu já contei no meu livro, que foi o seguinte: as galinhas que a gente cuidava botavam ovos. Alguns ovos a gente comia, outros eram chocados, e teve um ninho que nenhuma galinha se aproximou dele. Aí eu mexi no ninho e tinha uma cobra, enrolada, dormindo. Aí eu voltei, contei pra minha mulher, que me perguntou se eu ia matar a cobra, e eu disse que não matava bicho se não fosse pra comer. Aí eu fiz uma tocha, com panos e tal, uma vara comprida, querosene, e coloquei no ninho da cobra, que se assustou e foi saindo, e eu fui assustando a cobra até fora do meu terreno. Chegando no limite do meu terreno eu disse pra ela: "Vai embora, sua filha da puta, que se você voltar aqui eu te mato"! Aí à noite, passei lá no botequim pra tomar uma cachacinha com meus amigos roceiros, e contei a história da cobra, e eles riram de mim porque não matei a cobra: "Achou a cobra boazinha? Por que não botou dentro de casa?" Lá em casa a gente resolvia isso com um três oitão em dois tempos…"

**Uma das grandes questões da ecologia é essa, algumas vezes é difícil convencer quem vive no mato de que não se pode matar uma cobra, uma onça. Eles sempre viveram assim e demoram para entender a questão do desmatamento, da escassez, do perigo de extinção.**

Aquela seita budista que andava pelas estradas olhando para o chão, para que, se tivesse uma formiga, eles desviassem e não matassem. Não podiam tirar a vida de nenhum ser vivo, nem de uma formiga. Mas na roça não é assim, na roça… Cobra, mata logo…

**E a volta para a cidade, como é que foi?**

Minha propensão a doenças no pulmão apareceu, e eu tive uma tuberculose. Minha mulher chamou uma curandeira, me benzeu, não adiantou nada… Aí infelizmente eu tive que ir pra cidade pra curar essa doença. Aí eu vim pra cá e me deram Hydrazida e pronto. Me lembro de um primo que morreu de tuberculose quando ainda não tinha Hydrazida e tuberculose matava. Morreu com 24 anos. Mas depois que descobriram a Hydrazida, nunca mais ninguém morreu de tuberculose. Só se quiser.

Ao mesmo tempo eu conheci um japonês que era professor de judô, mas que fazia shiatshu, e me tratou com shiatsu, essa massagem japonesa em que ele aperta com os dedos polegares os pontos certos, e dá uma sensação de queimação, e depois disso, fiquei ótimo. Quando eu saí da tuberculose, fiquei com uma saúde que eu nunca tinha tido na minha vida nem nunca mais terei de novo. Fiquei ótimo.

**Foi nessa volta que você começou a trabalhar no Globo Repórter?**

Sim. Aí que eu procurei emprego. Tinha passado minha fase hippie radical. E consegui com o Paulo Gil Soares, saudoso, que era um jornalista da Bahia, entrar no Globo Repórter. Foi ele quem me apresentou, ou melhor, indicou ao Glauber Rocha.

**E como era o clima do Globo Repórter?**

O Globo Repórter na época era dirigido pelo Paulo Gil Soares, e tinha na equipe o Eduardo Coutinho, Walter Lima Jr., Othon Novaes. Uma grande equipe, e esses eram os principais.

**Você trabalhava de roteirista?**

Eu era roteirista e acompanhava a edição. Fazia muito trabalho de pesquisa de assuntos estrangeiros. Eu e o Washington Novaes. Era mais trabalho de jornalista, enquanto o Walter Lima, o Gil e Coutinho faziam mais trabalho de documentarista. Tudo muito relax, tudo montado em moviola ainda. Eu peguei essa época de moviola, não era edição eletrônica ainda. Quando ficava pronto é que fazíamos uma cópia em VT pra exibir. Aí, o Sergio Chapelin gravava as cabeças, as entradas do programa, já em VT...

**Tinha liberdade de linguagem?**

Tinha liberdade, cada um fazia do seu jeito. Por exemplo, o Coutinho e o Walter Lima tinham que fazer primeiro um roteiro de filmagem, o que é que eles iriam filmar. Iam sair para entrevistar quem, sobre o quê? A produção aprovava e alugava viatura, equipamentos. Nós não. Conosco, era pesquisa interna. As imagens eram colhidas ali dentro do CEDOC, o Departamento de Pesquisa. Aí, o Washington, ele primeiro escrevia o texto, fazia um texto jornalístico, e depois ele cobria com imagens. Eu pegava as imagens, armava as imagens, e depois escrevia um texto para aquelas imagens. Não importava o método, desde que ficasse pronto e levasse lá pro Paulo Gil aprovar, podia fazer do jeito que você quisesse.

**E quais programas que você considerou mais interessantes?**

Ah, eu fiz um que foi sobre a Marilyn Monroe, eu coletei todo o material sobre ela. Teve um sobre a influência da cultura japonesa no Rio, restaurantes, artes marciais. Esse eu achei legal ter feito. Fiz tantos outros que eu não me lembro. Fiquei trabalhando no Globo Repórter até que o Paulo Gil saiu, e daí eu saí também. Fui trabalhar com o Augusto Cesar Vanucci, depois fui trabalhar com o Daniel Filho, depois fui com o Mario Lucio Vaz. Fiquei mais de vinte anos assim. Era um trabalho interessante, e também nunca mais tive problema de dinheiro. Até que me mandaram embora e me deram uma love letter, que é quando mandam embora e dão uma grana. Me deram uma love letter de 27 mil dólares. E eu disse para a minha mulher, que já era a terceira, a minha mulher até hoje, "vamos pra Nova York"? Ela tinha uma amiga que morava lá. Chegamos em Nova York, dois dias depois o Fernando Henrique Cardoso lança aquele projeto equiparando o dólar ao dinheiro brasileiro. Nós ficamos riquíssimos. Fomos nos melhores restaurantes, passeamos, aproveitamos.

**E foi depois da volta de Nova York que você começou a trabalhar como roteirista freelancer?**

É, aí eu fiquei um tempo assim, flanando, freelancer, até que o Thiago Santiago me levou pra Record. Aí eu fiquei uns 10 anos na Record. Foram 25 anos na Globo mais 10 anos na Record. São 35 anos de televisão, metade da minha vida. Um grande aprendizado, que está lá no meu livro sobre roteiros, "O poder do climax".

**Fala um pouco sobre esse livro sobre roteiro.**

O meu conhecimento de roteiro veio a partir do curso que eu fiz nos Estados Unidos. Eu sou um roteirista americano. Eu trabalho como americano, foi como eu aprendi a trabalhar. Por isso que no Globo Repórter eu juntava primeiro as imagens e estruturava o filme, e aí fazia o texto que elas pediam, ao contrário do que o Washington fazia. Porque eu não era da área de cinema, nem nada. O Washington fazia um texto jornalístico e cobria de imagens, como ele continuou fazendo depois. O documentário dele sobre o Xingu é todo assim. Foi lá, filmou, filmou, filmou, depois sentou no computador, fez o texto, pegou as imagens e cobriu. E eu continuei fazendo do meu jeito. Quando eu fui fazer o documentário que a Lucélia tinha feito na China, foi assim. A Lucélia viajou pra China e levou um cameraman. Aí a Lucélia apontava e falava: "Filma isso, filma aquilo". Não tinha roteiro. Foi filmando e filmando, aí chegou aqui e levou para o montador, que falou que não podia montar sem roteiro. Aí a Lucélia me chamou. Aí eu falei para o montador: "Elimina todas as imagens que não prestam e fica só com as imagens boas. Eu só quero ver as imagens boas". E eu fiz os quatro documentários para a televisão com as imagens boas. É assim que aprendi a trabalhar, em cima muito do método americano. E acabei criando uma grande experiência de roteirista. As duas profissões que exerci na vida foram jornalismo e roteiro. E vivi mais tempo como roteirista do que como jornalista. Então eu aproveitei essa experiência para criar um manual de roteiro. Até hoje dou cursos de roteiro e faço supervisão de alguns projetos. É uma forma de ganhar um dinheirinho e continuar ativo.

**Aliás, atividade é que não faltou na sua vida. De todas as formas, não é?**

Uma vez eu ouvi de um amigo que eu sou um polímato. Polímato, se você procurar a definição no dicionário, é uma pessoa que detém conhecimentos em áreas diferentes, algumas vezes completamente distintas. Alguns polímatos se transformam no Leonardo Da Vinci, fazendo tudo com perfeição. Outros se transformam em mim, fazendo o que é possível, de uma forma ou de outra se aventurando na vida.

*

# Cronologia do autor

**15 de março de 1938**

Luiz Carlos Maciel nasce em Porto Alegre-RS.

**1957**

Dirige a peça "Esperando Godot", de Samuel Beckett.

**1958**

Forma-se em filosofia pela Universidade do Rio Grande do Sul. Publica alguns poemas na antologia coletiva Poesia Quixote, vinculada ao grupo Quixote, de Heitor Saldanha e Pedro Geraldo Escosteguy, entre outros, e com prefácio de Raymundo Faoro. Viaja para Recife com o Teatro Universitário, dirigido por Antônio Abujamra. Em passagem por Salvador, conhece Glauber Rocha. Atua no curta "A cruz na praça", de Glauber Rocha. Os negativos e as cópias do filme desapareceram.

**1959**

Publica "Samuel Beckett e a solidão humana", pelo Instituto Estadual do Livro. A partir de um intercâmbio da universidade baiana com a Fundação Rockefeller, vai para os EUA estudar direção teatral do Instituo Carnegie de Tecnologia, em Pittsburgh. Nos Estados Unidos, conhece as obras de Norman Mailer e da Geração Beat.

**1961**

Retorna para a Bahia, onde se torna professor de teatro na Universidade Federal da Bahia. Começa a colaborar na imprensa, como no Suplemente Dominical do Jornal do Brasil e no jornal Panfleto, de Tarso de Castro, vinculado a Leonel Brizola.

**1962**

Casa com Yonne D'Argollo Ferrão, com quem teve dois filhos: Lúcia Maria e Roberto.

**1965**

Dirige o filme "Society em Baby-Doll", no qual revelou Marieta Severo.

**1967**

Publica o livro "Sartre Vida e Obra", pela editora Paz e Terra. Convive com os Tropicalistas. Jorge Ben o cita na música "Cosa Nostra": "entre o hippie e a Tropicália". Em conversa com Zé Celso Martinez Corrêa, fala da peça "O Rei da Vela", de Oswald de Andrade, por recomendação do diretor italiano Ruggero Jacobbi, o que leva o Teatro Oficina a encená-la.

**1969**

Começa a colaborar no jornal Pasquim, com a coluna Underground, que se torna referência na divulgação da contracultura no Brasil.

**1970**

É preso pela ditadura militar, junto com outros integrantes do Pasquim. Fica dois meses na prisão.

**1971**

Cria o jornal Flor do Mal, em parceria com Rogério Duarte.

**1972**

Trabalha como editor de redação do semanário Rolling Stone. Publica o livro "A nova consciência", pela editora Codecri.

**1975**

Começa a trabalhar para a Rede Globo, como roteirista, redator e analista de roteiros.

**1976**

Casa com a atriz Maria Cláudia, que seria sua companheira pelo resto da vida.

**1978**

Publica o livro "A morte organizada", pela editora Ground.

**1979**

Colabora com o semanário Enfim, dirigido por Tarso de Castro.

**1980**

Colabora na revista Careta, dirigida por Tarso de Castro.

**1981**

Publica o livro "Negócio seguinte", pela editora Codecri.

**1984**

Dirige o espetáculo "Baby Gal", da cantora Gal Costa. Dirige a peça "Flávia, cabeça, tronco e membros"", de Millôr Fernandes.

**1987**

Publica o livro "Anos 60", pela L&PM.

**1991**

Dirige as peças "Boca molhada de paixão calada", de Leilah Assumpção, e "Brida", de Paulo Coelho.

**1994**

Publica o livro "Eles e eu - memórias de Ronaldo Bôscoli", em parceria com Ângela Chaves, pela editora Nova Fronteira.

**1996**

Publica o livro "Geração em Transe: Memórias do Tempo do Tropicalismo", pela editora Nova Fronteira.

**2001**

Publica o livro "As quatro estações", pela Editora Record.

**2002**

Publica o livro "Em busca da luz: memórias de Dorinha Durval", em parceria com Maria Luiza Ocampo, pela Editora Record.

**2009**

Publica o livro "O poder do clímax - Fundamentos de Roteiro de Cinema e TV", pela Editora Record.

**2014**

Publica o livro "O sol da liberdade", pela editora Vieira Lent.

**2017**

Morre em 9 de dezembro de 2017, vítima de falência múltipla dos órgãos, em consequência de um efisema pulmonar.

# Coleção Encontros:
# a arte da entrevista

A Coleção Encontros visa resgatar a entrevista como meio privilegiado de comunicação: valendo-se de uma linguagem informal e abordando questões imediatas, torna-se um espaço estratégico para a atuação de intelectuais e artistas na criação de um mundo múltiplo, solidário e sustentável.

Em cada volume da Coleção Encontros trazemos um olhar abrangente sobre o entrevistado, com uma seleção criteriosa de depoimentos de diversos momentos e contextos de sua trajetória.

Na elaboração do presente volume, agradecemos a generosa colaboração de Jorge Mautner.

Agradecemos também a todos os entrevistadores presentes no livro, por autorizarem gentilmente a reprodução das entrevistas. Em raros casos, não obtivemos sucesso em contactar os entrevistadores ou veículos originais. Por se tratarem de entrevistas imprescíndiveis pela sua qualidade e relevância, decidimos mantê-las na publicação, acreditando que os autores compartilhem do projeto. Os respectivos direitos encontram-se reservados.

Coordenação editorial
**Amélia Cohn e Sergio Cohn**

Projeto gráfico
**Elisa Cardoso**

Capa e foto do autor
**Sergio Cohn**


CIP-BRASIL. CATALOGAÇÃO-NA-FONTE
SINDICATO NACIONAL DOS EDITORES DE LIVROS, RJ


M152
Maciel, Luiz Carlos. 1938-2017.
Luiz Carlos Maciel - Encontros. Organização de Sergio Cohn.
Rio de Janeiro. Azougue Editorial. 2018.
224 pp.

ISBN 978-85-65332-47-7

1. Luiz Carlos Maciel. Biografia. Entrevistas. 2. Contracultura.


CDD 927.80
CDU 929.78.067.26


[ 2020 ]
Beco do Azougue Editorial Ltda.
Rua Visconde de Pirajá, 82, subsolo sala 115
CEP 22461-000 - Rio de Janeiro - RJ
Tel/fax 55_21_2259-7712

**www.azougue.com.br**
azougue - mais que uma editora, um pacto com a cultura